A Brief Guide to Maritime Strategy

海洋戦略入門

平時・戦時・グレーゾーンの戦略

ジェームズ・ホームズ 著
平山茂敏 訳

芙蓉書房出版

日本語版まえがき

ジェームズ・ホームズ
米海軍大学（ニューポート、ロードアイランド州）

大学の教授たちは、学生が母校のキャンパスから巣立ってからもずっと自学研鑽を続ける「生涯学習」の美徳を喧伝《けんでん》している。卒業生は読書と熟考を続け、決して立ち止まることはない。私は生涯学習を心の底から信奉している。しかしながら、米国でも日本でも、専門的な軍事教育は軍人のキャリアの半ばあるいはそれを過ぎてから始まることが多い。大学の教室では軍事史や海軍史の基礎を学ぶのに、軍人に任官したばかりの初級幹部の頃は技術的な訓練や日常業務に追われてこれを学び続ける余裕がないのだ。彼らは、歴史、戦略理論あるいは外交といった大局的なことを学ぶ時間がないのである。このため、若い士官たちは軍や海軍が現在行っている活動の背景にある理由をほとんど理解していないかもしれない。私は人生の前半を制服の軍人として過ごしたが、そのころはまさにこのとおりだったのだ。

私は、若手士官が日々の軍事作戦を推進する政治的及び戦略的要求に精通していれば、戦略と外交政策をより良く遂行できるようになると確信している。もし、日米同盟が中国、ロシア、北朝鮮と今よりももっと効果的に競い合うことを望むのであれば、士官のキャリアの始めの頃から、戦略的知識がますます重要となってくるはずだ。船乗りだけでなく、自衛隊の士官にとっても海洋戦略への精通は二重の意味で重要である。結局、日本のように、国益が海上交通路、漁場、海底天然資源の採掘などの安全に依存している島国にとって軍事戦略の大半を占めるのは海洋戦略である。日本を取り巻く戦略環境はますます騒がしくなっており、さらに、中国が先進的な艦艇、航空機および武器を大量に配備し、ロシア軍と共通の目的のために共同するようになってきた。北朝鮮でさえ、弾道ミサイル潜水艦やその他の武器の実験を行うなど、海上での躍進は著しい。

自衛隊は多くの課題を解決する手助けをしなければならないが、戦略的競争が展開される場所はそのほとんどが本質的に海洋的な場所である。このような戦略環境は飛行機乗り、兵士、軍民のすべての船乗り――艦艇乗り組みや潜水艦乗り組みだけでなく――に海洋戦略の基本を学ぶことを求めている。海洋戦略の共通の理解は自衛隊が統合で作戦を行い、ともに戦うための共通言語となる。しかし、戦略教育を早期に始める別の理由もある。海洋日米同盟の共同戦力を構成するすべての軍種――第七艦隊、第三海兵遠征軍、日本各地に展開する空軍の部隊――に共通の海洋戦略を理解させることで、これらの異なる軍種に作戦と戦略について考え、実行するための共通の語彙を与えることになるからだ。

ある意味で、本書は海上における統合・共同作戦に潤滑油を注油し、統合・多国籍軍事機構が機能を円滑に発揮できるようにすることを狙いとしている。日米の士官がよりよい教育を受ければ受けるほど、我々は同盟としてさらに繁栄し、同盟関係が繁栄すればするほど、潜在的な敵を抑止したり、必要な場合はこれを打ち負かすよりよいチャンスが生まれる。これこそが私がこの本を書いた理由だ。生涯学習は、純粋に生涯を通じてのものでなければならない。それは軍事専門職に対する我々の理解を豊かなものとするために、キャリアの半ばではなく、そのはるか前から始めなければならない。そして、それが私がこの本をコンパクトにまとめた理由でもある――技術的な問題に傾倒しがちな若手士官などの時間の制約に合わせたのだ。この「海洋戦略入門」がアメリカの最も親しい友人であり同盟国である日本で、長く豊かなキャリアを積んでいくための自己啓発のための出発点となることを願っている。

序文

海軍大将　ジョン・M・リチャードソン
アメリカ合衆国海軍（退役）

〔二〇一八年に米海軍作戦部長が示した戦略指針である〕「海上優勢を維持するための設計図」第二版における「最終目的《エンドステート》」は、「最高の装備で武装し、我々のライバルよりも迅速に学習し適合する、卓抜した指導者とチームを生み出すような支配的な海上戦力」を創造することである。他の大国との競争においてこの最終目的を達成するために、米海軍、海兵隊および沿岸警備隊は「ほぼ対等な」軍隊――我々自身とテクノロジー面で、技能面で、兵力数でも匹敵する軍隊――と張り合い、勝利しなければならない。そしてこれを、はるか前方で、時には相手の本国水域で行わなければならないのだ。しかし、この最終目的を達成するにはなんと多くのことを成し遂げなければならないことか！

我々はこのゴールに漠然とした意味ではなく、具体的な意味で到達する必要がある。我々は現実に存在する指導者とチームを生み出さなければならない――すなわち、彼らを募集し、教育し、訓練し、雇用し続ける必要がある。同様に我々は彼らを現実に存在する装備で武装しなければならない――すなわち、刷新し、開発し、実験し、生産し、配布しなければならない。そして、おそらく何よりも重要なことは、我々がこれらを特定のライバル、すなわち能力、政策、テクニック、地理に対して適用しなければならない。いくつかの物はこれらの全ての事例に一般的に適用されるだろうが、あらゆる事例に適合する解決策など絶対にない。ライバルのそれぞれに応じて、我々の政治目的と海軍部隊を結びつける、発想と能力に関して最適化された計画が必要である。これこそが戦略である。

今日、明快な戦略思想の必要性が差し迫った課題となっている。さらに進歩していくために、海軍の士官たちは戦略的優位の達成を支援する行動方針を明らかにし、これを議論するための共通の基準――大局観と語彙――を必要としている。それは、新たに任官した海軍少尉や海兵隊少尉から上級の海軍提督から海兵隊将軍に至る全ての士官が、戦略の聖典に精通する必要があることを意味する。ホームズ教授は、我々が〔聖典に〕精通する際に極めて大きな貢献をしている。

海洋戦略の賢人たち――マハン、コーベットそして彼らとよく似た理論家たち――の中核となる思想を紹介することで、そして、これを入手可能な形で行うことで、本書は士官たち、とりわけ、若手の士官たちが、一方では戦術的エキスパートになるための厳しい諸任務の要求にこたえる時間を確保しながら、他方ではより大きな戦略面でも実用的な知識を獲得するのを助けることになると私は確信している。若さの持つエネルギーと力強さを海洋戦略の知識と組み合わせることは、我々のライバルに先んじることにつながる。そして、開かれて、利用可能で、ルールに基づく世界秩序、すなわち我々の影響力と繁栄が依存している世界秩序を守るために、海軍、海兵隊および沿岸警備隊の備えを高めることにつながるであろう。

まえがき 一生をかけた仕事

この本は、若き日の自分自身に宛てた個人授業の本である。一九八七年にバンダービルト大学で海軍の予備役将校訓練課程（ＲＯＴＣ）を修業したばかりの私は、軍人職域のなかにあって未熟者だったが、それも短い間のことだった。新たに任官した海軍士官は、戦術および技術的な問題に絶えず接して育つ。しかしながら、これらのあらゆる教育――七つの海を駆けめぐり、武器を発射し、あるいは外国の人々と歓談する為の知識が軍務に服するということにつきものであったが、これら全ての学びの庭にはある一点が欠落していた。海軍の訓練は、管理、機器の整備および当直勤務といった日々の骨の折れる単調な仕事の外にあるトピックについては口をつぐんでいたのだ。艦隊への配属も、この欠落を補ってはくれなかった。全く正反対だったのだ。海上勤務は教育課目以外に充てる読書の時間を更に削り取り――より大きな事柄〔すなわち戦略〕については自学研鑽にまかされていた。

これは非難ではない。そしてこれは米海軍特有の教育上の欠落でもない。これは全ての現代海軍に共通するものである。首相であり、海軍大臣も二度務めたウィンストン・チャーチル（Winston Churchill）は、蒸気時代における英国海軍の戦略的知識と洞察の有様について次のように嘆いている。「海軍の職能における航海および科学の技能は、海軍軍人の訓練の上にかくも厳しい要求を課す故に、彼らは戦史および戦争論全般について学ぶ時間または機会がほとんどない＊1」。その頃と同様に、今でも海軍の戦いは極めて技術的な仕事である。当時、船乗りたちは蒸気機関設備、砲術および射撃管制に習熟しようとしていた。現在、彼らの後継者たちはこれら全てに加えてミサイルおよび航空技術、先進的なセンサー並びにコンピューター、加えてこれまで以上にサイバー戦や人工知能などの秘密の領域に精通しなければならない。チャーチルの時代と同様に、時間は今も厳しい暴君のままだ。

この本は、海軍に新しく入って時間の制約に追われる人たちを手助けしたいという私の努力を本にまとめたものである。これは海軍戦略についての入門書であり、他の全ての入門書と同じく簡潔である。ユーモア作家のマーク・トウェインはかつて、短いスピーチを書く時間がないので長いスピーチを書き上げたと皮肉を述べた。トウェインはだらだらと長く書くよりも、わずか数語に話題の本質を圧縮することが可能であることを指摘したのだ（彼は同様に、余分な文を取り除くのに余計な手間がかかるということも示唆していた）。この本は若手海軍士官、若手議会職員、国際安全保障の学科に新たに入学した大学院生が読書に貴重な数時間を割くことができたときの読み物であり、公海において意図するところを推進するという海洋戦略のより大きな目的の基礎を要約した私の努力の成果物である。この本は、作戦任務における彼らの視野を拡大させるとともに、中堅士官となって専門的な軍事教育機関や民間の大学に入学し、この問題についてより集中的な研究をするときに向けて、彼らの準備を整えさせるのである。

この本とは何かについては語ることがたくさんある。しかし、この本が該当しないものは何か？　第一に、これは全てを網羅してはいない。海洋戦略は「大」戦略の一様式である。それは合衆国のように外向きで貿易志向の国の最高指導者が、国家目標を適合させ、これらの目標を達成するための資金を蓄積し、これを達成できるように外交的・経済的・軍事的資源を使う手助けをする。同時に、海洋戦略はより広範な戦略に従属する。一方で地上戦、エアパワー、サイバー戦の分野について、あるいは大洋交易および通商並びに海上軍事作戦に緊密に関係して「いない」その他の分野について多くの言及を求める読者は無駄足を踏むことになるだろう。これらの事項は重要であり、しばしば死活的である。しかし、この本を簡潔でわかり易くするためには、何を含めて何を除くかについての難しい決断が求められたのだ。

そのような理由から、戦略の聖典の多くは含まれていない。米国の専門的な軍事機関において、歴史上第一級の戦略思想家として一般的に喝采を浴びているプロシアの兵士のカール・フォン・クラウゼヴィッツ（Carl von Clausewitz）および中国の巨匠である孫子（Sun Tzu）は大まかにしか出てこない。彼らは海に限定した事柄についてはほとんど何も語っていないのだ。西欧以外の作家、たとえば古代インドの国政術の卓越した理論家であるカウティリヤ（Kautilya）、あるいは共産中国の軍事戦略の中核として「積極防衛」戦略が受け継がれている毛沢東（Mao Zedong）なども同様に編集段階で除かれた。この本は、戦略についての決定版とはほど遠い。私は本書が、海洋戦略についてのさい先のよい一冊目となり、将来の学習と内省のための一つの土台となることを望んでいる。

第二に、戦術はこの本からは完全に排除されている。ありのままに言えば、私はこの本を私が海軍士官候補生の時に初版が出版されたウェイン・ヒューズ（Wayne Hughes）海軍大佐の『艦隊戦術』（*Fleet Tactics:* 未邦訳）*2の姉妹編であると考えている。『艦隊戦術』はなぜ商船や軍艦が大海原を超えて船出するのかのヒントを与えており、ヒューズ大佐は危機や戦時に戦術家がいかに振る舞うべきかについて説明している。戦略「および」戦術を知ることに代わる物はない。結局、戦術について正規の教育を受けていない戦略家や政策立案者たちは、戦術家たちが現金化できない小切手を切るという致命的な癖がある。戦略に通じていない戦術家は、最高指導者が彼らに何を達成することを期待しているかについて曖昧な感覚しかもたない。より大きな目的についての理解が欠落している彼らは、期待ほどうまくいかない傾向がある。要するに、戦略レベルと戦術レベルの間の分断には、大きな破滅の遠因が潜んでいるのだ。この分断を塞ぐことが軍事教育の焦点なのである。

第三に、この本は海洋戦略についての客観的な調査研究というわけでもない。ましてや、アルフレッド・セイヤー・マハン（Alfred Thayer Mahan）およびジュリアン・コーベット（Julian Corbett）の偉大な著作集が広大な諸海域において行われる諸活動について言及しなければならなかったことの全てを網羅した要約版でもない。マハンの著作の出版目録は、それ自体で一冊の本である*3。コーベットは文量的にはそれには劣るとはいえ議論によっては洞力においてこれを越える作品群をまとめ上げた。そのかわり、この本の中には四半世紀にわたり、海洋戦略を研究してきた私の私見が含まれている。私は海洋戦略への即戦力となるようなアプローチを採用した。すなわち、私は政治的および戦略的目的への洞察についてのマハンの教えに注目しつつ、マハン的な目的を満たすためにシーパワーをどのように行使するのかについて他の作家を指針として参照することが可能であると信じているのだ。このような手法でこれらの諸問題に注目することについて、誰もが同意するとは限らない。

読者の諸君は、その経歴を通して古典に没頭し、そのような問題について自分自身の考えをまとめなければならない。これに対する異論もあるだろうが、それは何ら悪いことではない。実のところ、創造的な意見の不一致こそが軍事組織を良くするのだ。それは、ある特定の行動方針の基礎となる長所、弱点、虚偽を明らかにする一方で、付与された状況下に於けるあらゆる行動方針を明らかにする。これは指揮官あるいはその政治的上級者が最大限の情報と洞察とともに、決定を下す手助けとなる。急変する変化の中にあって、それは組織の健全さと融通無碍《ゆうずうむげ》を維持する上での助けとなる。

本書の使い方についての注釈：巻末の注を調べること。通常の学究的なこだわりからばかりではなく、追加のおすすめの本を提示するために、私は注釈をたっぷりつけた。注釈は海洋戦略の初心者が興味を持つことに手を伸ばし始める手助けとなることを意図しており、彼らの経歴上有用となることを明らかにするであろう。参考文献を調べ、引用されている一節の前後のテキストを読み、それが君をどこに誘うかを見るのだ。

この後の章では、クラウゼヴィッツは端役にすぎないので、ここでその遺言を示すのが彼にはふさわしい。戦略は、勝利を保証するマニュアル、アルゴリズムあるいはチェックリストをまとめることではない。それは軍事という職業に注目するには不毛なまでに陳腐であり、より精力的な敵の手に掛かれば敗北すること確実である。むしろ、戦略理論は「すべての人が新たに問題を整理したり、解明したりする必要はなく、問題が整理され、かつ明解な状態にされていることが理論の役割である」と彼は宣言している*4。理論は参照となる枠組みを提供する。これを知ることにより、クラウゼヴィッツ、マハンあるいはコーベットのような偉大な精神が既に考え尽くした問題を、士官と当局者が寄せ集めの思考から新たに考え始めることを防ぐのである。

戦略および戦史について読むことは、「戦争における将来の指揮官の精神を養成したり、あるいはむしろ指揮官の自学研鑽を援助すべきものであって、戦場において彼を導くものではない。このことは、賢明な教育者が少年の知恵の発達を導き、これを容易にはするが、だからといって一生涯手を取ってこの少年を教えることはしないのと同じである」とクラウゼヴィッツは公言している（強調は著者）*5。このクラウゼヴィッツの言葉は素晴らしく現代的に響いている。現在の大学教師は、「生涯学習」の素晴らしさを盛んに喧伝しており、それによって、卒業生は自らの読書と学習の選択を決定する。自学研鑽に終わりはないのである。

生涯学習のスローガンが発明される何十年も前に死んで久しいプロシア人は、その美徳を理解しており後世の人々もこれを超えることはできていない。私自身が手を付けたのよりも早く若者が自らを教育し始め——そしてクラウゼヴィッツがかくも雄弁に書き記した一生のプロジェクトを推進する一助となるとすれば、この本にも価値があるということになるだろう。本書に記された意見は全て私個人のものである。

註

＊1　ジョン・レーマン元海軍長官による引用。John F. Lehman, *Command of the Seas* (1988; repr., Annapolis, Md.: Naval Institute Press, 2001), 25.

＊2　ヒューズの本は現在第三版である。Wayne Hughes, *Fleet Tactics and Naval Operations*, 3rd ed. (Annapolis, Md.: Naval Institute Press, 2018).

＊3　John B. Hattendorf and Lynn C. Hattendorf, *A Bibliography of the Works of Alfred Thayer Mahan* (Newport, R.I.: Naval War College Press, 1986).

＊4　Carl von Clausewitz, *On War*, trans. Michael Howard and Peter Paret (Princeton, N.J.: Princeton University Press, 1976), 141. ［カール・フォン・クラウゼヴィッツ著、日本クラウゼヴィッツ学会編『戦争論　レクラム版』芙蓉書房出版、二〇〇一年、一二六頁］

＊5　Clausewitz, 141. ［クラウゼヴィッツ著『戦争論』一二七頁］

海洋戦略入門　目次

第1章 ❖ シーパワーの作り方

海洋戦略は、海洋に関するさまざまな目的を達成するために、国力を用いる技術《アート》および科学《サイエンス》である。国内の有権者と連携した政治指導者たちが戦略目標を規定するが、シーパワーは戦略目標を達成するための手段の一つである。アルフレッド・セイヤー・マハン（Alfred Thayer Mahan）は、この分野における他の偉人たちと時には交わりながら、海洋戦略を探求するうえでの指針を示すだろう。マハンは一九世紀末の米国の海軍大佐で、議論の余地はあるが海洋問題における史上最も影響力のある歴史家であり理論家だった。彼はロードアイランド州ニューポートにある海軍大学の初代戦略教授となり、周知の通り後に同大学の第二代校長となった*1。彼の言葉には影響力がある。

しかし、まずは注意事項から入るのが適当だろう。今日、マハンは大規模な海上戦闘とこれを遂行するための大艦巨砲主義の「伝道者」として記憶されている*2。この説によると、大洋〔訳注：太平洋、大西洋およびインド洋〕と付属海〔訳注：地中海、カリブ海、日本海など〕は、大海原を制する過程において艦隊がお互いに殴り合う単なる戦場である。マハンは「制海」を「敵の旗を海から駆逐し、あるいは逃亡者としてのみその存在を許すような、海上における圧倒的な力」として定義したことで最も良く知られている*3。「圧倒的な」力というのは明示的に聞こえる。これによれば、海洋戦略は一から十まで戦争がらみのように感じられる。それは、何から何まで、赤ワイン色の海でお互いを吹き飛ばしあう船の問題につきるということになる。

そのような解釈はマハンに対するひどい仕打ちだ。確かに彼は帆船時代からの膨大な海上戦闘を、うんざりするまで詳細にとは言わないが詳しく列挙している。彼の著作において、軍事的要素が際だって重要な役割を果たしているのは事実だ。しかしながら、彼は戦闘それ自身を目的だとは書いていない。それは国家の自己保存の手段の一つなのである。彼は自己保存が「国家の第一法則」である一方で、国家の成長は「健全な生活の効能」であると書いている。成長に対する生まれながらの権利は、もしある競争相手が「自らの合法的領域を踏み越えた」ならば、軍または海軍力を展開して武力で自国の発達を守る権利を授ける。海洋志向の社会は、彼らが繁栄を謳歌《おうか》している平和な海上交易の中に、敵が軍事力の「異質な成分」を注入するのではないかと心配するので、自衛のために武装しなければならないのだ*4。

それゆえ、海洋戦略とは、つまるところ戦闘のための戦闘のことではないということが分かる。マハンにとって、海軍は東アジアおよび西ヨーロッパのような重要な通商の場への商業アクセスを開放し、育て上げ、保護するための外交的努力の単なる安全装置である。戦争は彼の選択手段ではないのである。実際、彼は戦争が「国家の自然な、それどころか正常な状態に終止符を打つ」と断言している*5。軍事力とは「単なる装飾品であり、より大きな他の経済的および通商上の国益の従属物なのである」*6。

その当時のマハン的な海洋戦略の目的は、「軍に役立つような形で用いられる政治的手段、ないしは海軍力によって通商を保護することであった。その優先順位は通商、政治、軍事の三要素が持つ国家にとっての実際の相対的重要性によるということだ」（強調は著者）*7。海洋戦略とは、アクセスに関する問題である。その至上の目的は通商のためのアクセスである。政府は通商のためのアクセスを促進するために、外交的なアクセスを追求する。もし、通商のためのアクセスが、海外の競争相手の威嚇の下に置かれたならば、軍事アクセスが軍事力で外交を支援する。

それゆえ、マハン的な優先順位の下では、通商が至高の存在である。海洋戦略とは外交を支援し、そこから通商上のアクセスとこれによってもたらされる経済的繁栄を支援するために、シーパワーを利用することを意味する。同様に、経済的活動は政府が海軍に予算を割り当てるために必要な歳入を生み出すので、海軍は繁栄の受益者でもある。経済、外交そして海軍力の間の好循環を起動し、動かし続けるのが、海洋戦略というものなのだ。戦闘に備えることは、逃れられない機能ではあるが補助的なものなのである。

これには古代の人々も同意するであろう。古典的著作である『戦史（ペロポネソス戦争の歴史）』（*History of the Peloponnesian War*）の中で、歴史家のトゥーキュディデース（Thucydides）

は、アテネとスパルタの双方の指導者たちが経済と財政の圧倒的な重要性について合意したと述べている。スパルタの王アルキダーモス（Archidamus）は「戦の勝負には、槍と盾よりも、武器を役立たせる資金がなくてはならぬ」と主張した。言葉を換えれば、軍勢は壮麗な武具一式を見せびらかしておきながら、戦場ではほとんど何も達成できないということもありうるのだ。軍隊は、戦場における作戦を維持するために食料とあらゆる種類の軍用資材の定期的な補給を必要とする。兵站補給が途絶えれば、そしてそれを大量に調達するための資金が枯渇すれば軍事機構は失速して、最終的には停止してしまう。

経済は「海の民族を敵にする陸の民族にとって」倍増しで重要であるとアルキダーモスは付け加えている*8。海洋国家とは交易国家である。そのような国の政府は、国際貿易の恩恵の成果として税金を徴収する。海洋国家であるアテネは、大陸国家であるスパルタとの間で予想される戦争において、重要な強みを支配していた。すなわち、アテネは圧倒的な海軍を維持する資金力があり、それを長期間海上に展開し続けることができたのだ。アテネの「第一人者」であったペリクレース（Pericles）は、彼の敵に同意した。彼は「軍資金が戦争を維持する」ゆえに、スパルタを苦しめる「最大の障害は、軍資金の不足」であると述べた*9。

彼等はマハンとほぼ完全な意見の一致を見たといってよいだろう。経済的および金融的な活気は、シーパワーの目的と主要な手段の双方を構成する。これは長期的な戦略的競争または戦争の時代にあっては一層真実である。海洋戦略と作戦の経済的源泉を軽んじる政治家と海軍関係者は、危険を覚悟で行うことになる。

海とは何か？

シーパワーの特質と用法について更に掘り下げる前に、戦略的な実体として「海とは何か」について考察することが重要である。これはその周辺環境を知ることの一部である。海を海洋「公共財《コモン》」、すなわち競合的および協力的双方の意味での人類の交流の媒体、時間と空間における統一的な総体、広大な大洋の上の特徴のない平面、ひとたび船舶が沿岸に近づいた時に地形により分割される国境地帯、そして潜水艦と航空機が駆け巡ることができる三次元領域、そして船乗りと飛行機乗りが自らの専門的職業の領域として思いを馳せる一つの環境として、これを分類してみよう。これは船がＡ地点からＢ地点へと旅をする単純な二次元平面とはほど遠いものだ。

海洋公共財としての海

ある意味、大洋とは人類がかくあるべしと定義したものである。マハンは海を「広大な公共財」あるいは「偉大な公共財」と名付けた最初の人だ。彼はそれを「一大公路《グレート・ハイウェイ》」さらには「その上を通って人々はあらゆる方向に行くことができる。しかし、そこにはいくつかの使い古された通路がある。それは、人々が支配的ないくつかの理由によって、他の通路よりもむしろ一定の旅行路を選ぶようになったことを示している。これらの旅行路は通商路と呼ばれる」と表現した*10。しかし、このようなたとえ話を広めたのはマハンだが、航海する上での公共財という概念は、彼が生まれるずっと前からあった。実際、それは国際的な法概念としての起源を持つ。特定の物理空間を公共財として指定することは、それがみんなのものであり、誰のものでもないことを示している。それは誰でも自由に使える開かれた、統治されていないか、緩やかに統治された空間である。そこにはほとんど束縛されない自由が広がっている。

［アメリカ東海岸の］ニューイングランドの町の公有地について考えてみたまえ。アメリカ独立戦争の頃、公有地は牛や羊が草をはみ、スポーツ競技が開催され、墓地や公園を作ったりできる草地だった*11。町はこの土地の一画に対して「主権」を行使していたので、町の指導者たちは議論をすることもなく共有地を休耕地にしておくこともできた。領域をどう割り当てるのが適切かを決める町の権威に異論を唱えることは誰にもできなかった。この本の中に時々現れるドイツの社会学者マックス・ウェーバー（Max Weber）は、主権の古典的定義を提供している。ウェーバーは主権者を「特定の領域内において物理力の正当な使用の独占を（成功裏に）行使する人間共同体」と表現している（強調は原著者）*12。この主権者はその国境内において規則と法を作り、これを警察および軍事力という物理力で裏付け、市民は規則と法に従うか、さもなければ法の裁きに直面する。

海の公共財は、昔のニューイングランドの町の公有地より複雑な存在である。一つには、海には主権者というものがいない。大洋はいかなる沿岸国のものであれ、明白な管轄権の下には置かれていない。大洋は主権国家により行使される管轄権とは並立している［つまり重なり合っていない」のだ。各国政府は、それぞれ異なる国益が海の領域に及んでいると見なしており、このため彼らの隣人により執行されるものと相容れない政策および法を制定するかもしれない。それ以外にも空っぽで広大な世界の大洋と付属海にわたって、武力の行使を完全に独占する海軍の能力にも物理的限界がある。こじんまりした市の境界線の内側で、取り締まりを強制できる市警察と異なり、世界最大の海軍であっても監視しなければならない領域と比較すれば小さな存在だ。物理的空間はこのように海軍の力を薄めてしまうのだ。

したがって、海洋国家は、個々の国家が大洋に主権を及ぼし得るその範囲を巡って長いこと争っていた。一七世紀の法律家フーゴー・グロチウス（Hugo Grotius）とジョン・セルデン（John Selden）はこの議論の双璧である。オランダ人であるグロチウスは一六〇八年にいかなる国も海洋公共財に及ぶ支配権を主張することはできないと論争する匿名の小論を書いた*13。グロチウスはオランダ商人のインド洋における交易の権利を擁護していたのだ。なぜなら、ポルトガル帝国が交易の独占を維持するために、この場所へのアクセスを閉め出すことを狙っていたからである。一方で、英国人のセルデンは、沿岸主権国家が海を所有「できる」こと、すなわち国内領域における公有あるいは私有の所有権に当たる存在である主権を有すると主張し、「英国海および英国の生命をとりまく海」に対して英国は正当な権利を有すると反論した*14。一六五二年に出版されたセルデンの専門書は、グロチウスに対する彼の遅ればせながらの回答から成っていた。セルデンは公海航行の自由という教義が、北大西洋における英国国王の特権を無にしてしまう恐れに対して反論したのだ。

自由な海と閉ざされた海の支持者の間の論争に勝ったのは誰だろうか？　つい最近まで、グロチウスが満場一致で首位の座に君臨し続けているように見えた。第一次世界大戦を終結させる和平調停の原則を発表したウッドロー・ウィルソン（Woodrow Wilson）大統領の「一四ヶ条平和構想」の第二条は、「領海外における、平時、戦時を問わぬ公海航行の絶対的自由」への支持を明らかにしている*15。今日では、海洋世界における「海の憲法」に最も近い「海洋法に関する国際連合条約（ＵＮＣＬＯＳ）」が、セルデンの領海の教義と、グロチウスの自由な海の理想とを和睦させようと骨折っている。それでもやはり、立案者間のバランスは、海洋は公共財であるという考えに圧倒的に傾いていた。国連海洋法条約は、沿岸国の海岸の沖合の幅の狭い帯状の海を、「領海」としてその国に割り当てている。領海内では、沿岸国は船舶および航空機が何を行うことができるかについて法令を制定し、完全なる主権を行使する。「無害通航」の原則の下で、外国船籍の船舶は全ての軍事活動を慎むという条件で、領海を通過することができる*16。

セルデンの理想はこの帯状の海域において優勢であるが、そこだけだ。領海は沿岸から一二海里（約二二キロメートル）にわたって広がっている。領海の外側には、「接続水域」と呼ばれる更に一二海里（約二二キロメートル）の帯が広がっており、そこでは沿岸国が関税、財政、出入国管理、衛生に関する法令を行使できる。そしてその外側に広がるのが排他的経済水域（ＥＥＺ）であり、これは沿岸から二〇〇海里（約三七〇キロメートル）あるいは大陸棚がそこまで張り出している場所では三五〇海里（約六五〇キロメートル）まで広がっている。条約文が意味しているように、国連海洋法条約は、排他的経済水域において海底および海中からの天然資源の採取に対して沿岸国に絶対的権利を付与している*17。ただし、そこではそれ以外の特別な権利はない。

排他的経済水域の外側には公海が広がっており、そこは条約により成文化されたいくつかの例外を除けば統治されていない空間である。「海洋航行の安全に対する不法な行為の防止に関する条約」は、そのような折り合いを示すために、例外のいくつか――特に海賊を逮捕し、裁判に付し、処罰する手続きについて説明している*18。船舶は望みのままに軍事、通商、科学活動を行いながら、公海を自由気ままに旅することができる。言い方を変えれば、公海航行の自由――グロチウスの理論的枠組み――は、陸地から一二海里の向こう側では、接続水域と排他的経済水域における極めて限定的な例外はあるものの支配的なのだ。海洋は海洋公共財のままなのである。海洋国家は、国連海洋法条約を制定することでこれを再確認したのだ。

そして米国上院がこの国連海洋法条約を承認することを拒んでいる一方で、どちらの党から選出された政権もこれを「慣習」国際法、すなわち、「国家実行」に基礎をおいた成文化されていない法律として受け入れてきた。多くの国内法律体系において慣習法は成文法と共存しているが、慣習国際法も条約法と並存している。言葉を換えれば、国家が何をするのか、すなわち彼らの目に見える振る舞いが彼らの信じる国際法と規範のあるべき姿を示しているのである。

国連海洋法条約の加盟国はほぼ全世界に及んでいることから、影響力がある。これは海洋法を調印国がどのように見ているかについて従わざるを得ない証拠を示している。要するに、

〔批准していない〕米国は海洋法とぎこちない関係を有しており、成文化された海洋の憲法の外側に立ちながら、同時にその主要な執行者になってしまっているのだ。米国海軍は米国務省の航行の自由プログラムの下で海洋法に反した海洋の権利の主張に常日頃から挑戦している*19。米国の船乗りと彼らの政治的指導者たちは、日々、この居心地の悪さと折り合いをつけねばならない。

海洋法は、二〇〇九年に中国が「議論の余地のない主権」を南シナ海の地図上において「九段線」あるいは「一〇段線」の内側に主張するまで国際法として確立されていると思われてきた。九段線は、南シナ海の重要な水路のおよそ八〇から九〇パーセントを取り巻いていると推定されている。中国政府は、この海域を通過する船舶に無害通航の規則に従うことを要求し始め、そしてこの要求を火力で後押しするために人工島要塞の工事を始めた*20。事実上、中国は東南アジアの公共財を自らの領海として扱い始めている。

セルデンは、知的亡命生活から完全に返り咲き、中国政府内に居を定めたのだ。もし影響力のある沿岸国〔中国〕が外交力および軍事力で国際世論に対抗し、頻繁かつ効果的にこれを押し返す者が誰もいなければ、国際世論も結局はもろいものであることが証明された。国際法が進化しうるということを認める価値はある。もし沿岸国が並外れた主張をし、同じ立場の海洋国家が一定の期間これに従えば、国際慣習となる資格を持つようになり、究極的には慣習法となりうるのだ。

時折、国家は超法規的な主張におとなしく従ってきた。一八二三年、米国は、西半球において欧州の諸帝国が何をできて何をできないかを米国政府が規定した一方的な政策声明であるモンロー・ドクトリンを宣言した。単純に言い過ぎているかもしれないが、それは欧州諸国が、独立を勝ち取った米州諸国を再征服することを禁じるものだった＊21。しかし、モンロー・ドクトリンは国際法であったことはないが、これに挑戦するために本腰を入れて外交および海軍という手段を行使することに高い関心を示す欧州諸国はほとんどなかった。その結果、このドクトリンは国際的慣習としての資格を得るようになった。アメリカは一方的な声明を行い、他の国はこれに数十年従った。第一次世界大戦を終結させるベルサイユ条約は、モンロー・ドクトリンを国際法として支持するところまではしなかったが、条約はドクトリンの「平和の維持を担保するための……地域的な理解」という位置づけは明確に支持した＊22。

　ある種の準法的位置づけが、米国の外交政策の原理に吹き込まれていった。もし、海洋志向の世界がこれに挑戦しなければ、似たようなプロセスが、中国の九段線に事実上の法的位置づけを与えるかもしれない。英国の慣習法は市民に「通行権」を保障しており、これは彼らがこの権利を実際に利用しつづけている限りにおいて、私有地を横切る特定の歩道を使用する権利を市民が持っていることを意味している。もし一定の期間、誰もこれを行使しなければ通行権は効力を喪失する。公海航行の自由も、もし誰もこれを定期的に行使しなければ、同様に一部または全てが消滅する。物理空間へのアクセスを擁護する法律は、ほったらかしにしておくと死に絶えることがあるのだ。

　そしてまた、南シナ海の囲い込みの見込みは面倒であるが、この争いの影響は一つの海域に限定されない。もし、海洋における移動を規定する規則を中国共産党が作り、他のものが従わなければならない原則を確立することで中国政府が成功裏に九段線を擁護したら、中国政府は東南アジアだけでなく、世界中の他の周辺海域で公海航行の自由をなし崩しにしていくだろう。それは危険な前例を作ることになるのだ。公海航行の自由は分割することができない。その原則は、完全な形でどこであっても適用されるか、そうでなければ至る所で危険にさらされるのだ。仮に中国が東南アジアで海洋法を無効にするのであれば、他の沿岸国が黒海、アゾフ海あるいはバルト海の航路に対する占有を主張しながら、この前例に基づいて行動するかもしれない。

二一世紀は、セルデンとグロチウスの亡霊が再びしのぎを削るのを目の当たりにしている。もし閉ざされた海の支持者、すなわち現代のセルデン信者が、巧みな外交と優越した火力を彼らの主張の後ろ盾とすれば、海という公共財は縮小するかもしれない。このため航海の自由の支持者は、グロチウスと同盟することが適当である。そのような国は海洋公共財を公有地として定義し続けて自らの立場を早くから頻繁に強調するとともに、グロチウスの構想を刷新し維持するために軍事力をどのように使うかについて、あらかじめ考えておく必要がある。

海洋の自由を巡る新しくも古い議論は、政策または法律を巡る議論に永遠に決着がつくことはないことも意味するだろう。もし中国が南シナ海のような大動脈の中で力の独占を強要することができると信じるならば、次は中国がそこで主権者になれるだろうといううぬぼれを本当に心に抱くだろう。そして、張り合っている競争相手が自分たちには何もできないことに気づ

く と、新たな現実を嫌々受け入れることに繋がるだろう。そうなると時間と共に、中国の主張が徐々に正統性へと結び付いていく可能性もある――そうなれば、中国政府の主権もマックス・ウェーバーの基準に近づくかもしれない。

人類の相互作用のための媒体としての海

開かれた海と閉ざされた海をめぐる議論を調べることは、大洋が平和的協力から公海での戦争に至る人類の相互作用のための媒体であることを明らかにする。ロンドン大学キングスカレッジのジェフリー・ティル（Geoffrey Till）名誉教授は、海洋における協力と紛争について実務家が考察する際のシンプルでありながら説得力のある四つの「海の歴史的属性」――すなわち資源、輸送、情報および支配――から構成されるモデルを作り上げて、海洋の本質と効用を探求している*23。

ティルの示した各属性は、海洋の基本的な機能の一つをそれぞれ指し示している。海と海底は魚、石油、天然ガスや鉱物資源といった天然資源の宝庫となっている。グロチウスおよびマハンの精神に則り、ティルは大洋をいかなる沿岸国の司法権も及ばない公有地あるいは公道から構成されていると見なしている。海洋国家は、大洋の公道に沿って地球上のいかなる港へも交易品と軍隊を送り込むことができる。海は文化的交流の場でもある。そして、そこは主権国家が重要な海域や大陸の周辺部《リムランド》の支配を巡って争うかもしれない闘技場でもある*24。

ティルは、海洋の持つそれぞれの属性は性質的には完全に協力的かあるいは競争的、さもなければ協力と競争のある程度の混合物がその特質を表していると仮定している。海軍の諸活動は、そのような混合物を代表するものである。軍事的競争は、ある競争者が武力を用いて自らの主張を押し通そうとする可能性を高める。しかし同時に、海軍の多面的な性質が競争的な任務と共働的な任務の間を区別するための努力を複雑なものにする。戦車や戦闘機あるいは大砲は戦争の道具だ。これらのものは、他にできることはほとんどない。一方で、軍艦は多様な目的を満たす。軍艦は人道支援や災害救難を提供できるし、武器密輸業者や人身売買人を捕らえることもできるし、外国の港湾で親善を促進することもできれば、その他無数の非戦闘任務を遂行することも可能だ。あと、当然の事ながら戦争を行うこともできる。

意図こそが、軍艦の性格を変えるものだ。上級指揮官および彼らの政治指導者から受領した命令が、艦が平和的機能か、あるいは軍事的機能を果たすのかを決定する。その任務の本質を刻一刻と予想する方法はあまりない。なぜなら、命令は変更されることがあるからだ。救出任務に派遣された軍艦も、命じられればほぼ即座に戦闘機能に立ち戻ることができるだろう。ことによると、一分前までの自分の仲間に武器を向けることさえありうるのだ。

似たような調子で、戦略家のエドワード・ルトワック（Edward Luttwak）は、ある艦隊の戦闘能力は「どんな時にでも活性化できる」し、同時に、そうするために「意図を形成することを黙って迅速」にできるのだと述べた。たとえ「脅威をもたらすことを意図していない艦隊の定期的な移動であっても、他の目からは脅迫的に見えるかもしれない（脅威は軍事力自身に潜在しているからだ）」（強調は原著者）*25。これは軽武装の沿岸警備隊にはそれほど当てはまらないし、軍ではない海事機関はさらに脅威を与えない。任務に対する道具の選択が問題なのだ。定義からして、ティルの四つの属性の中では支配が最も競争的だ。もし、ある大国または同盟が自分自身の偏狭な目的のために重要な海域を支配すると、それは他者を排除する――すなわち、彼らが海上交通路を使用したり、天然資源を開発する能力を制限するかもしれない。支配への競争――あるいはそのような競争の恐れが海洋国家をさらに団結させる協働活動を妨害するかもしれない。第三章は、海洋軍事戦略の領域である支配と、艦隊の展開から政治的価値をいかにして導くかについて更に述べている。

ティルの最初の海洋属性である資源は、支配ほど競争的には見えない。既に述べたとおり、国連海洋法条約（ＵＮＣＬＯＳ）は各沿岸国に独占的に使用できる排他的経済水域（ＥＥＺ）を割り当てている*26。同様に、国連海洋法条約は、共同開発が収益を得られて技術的に実現可能になれば、国際水域の海底から共同で資源を採取するための協力的な枠組みを制定している*27。沿岸諸国が海洋法に従っている間は、協力が勢いを持つ。

しかし、海洋領域の境界は、多くの水路で相変わらず論争の的になっている。係争地域における天然資源を巡る争いは一般に手に負えないことが証明されている。結局、沖合の資源へのアクセスが失われると、国家の繁栄が損なわれるからだ。これは、複数の原告が島嶼と周辺海域の権利を主張し、中国が事実上全ての海域を要求している南シナ海では事実である*28。領海間、接続水域間、および排他的経済水域間の境界線をどこで確定するかを巡る争いは、商業船舶輸送のために海を安全に保つことを意味する警察的活動としてティルが名付けた「海洋における良き秩序」に対する潜在的な妨害者になるのである*29。それは、経済開発を意図した沿岸諸国の間に争いを引き起こして、支配を巡る闘争に油を注ぐ可能性があるのだ。

ティルの示した情報という機能は、海事のなかでは依然として見落とされている要素だ。海洋は文化的交流および情報交換のための媒体である。そのようなやりとりは自然の成り行きで発生する。外国の寄港地に滞在する間に、船乗りは出会った人々と交流する。ジャーナリストのロバート・カプラン（**Robert Kaplan**）は、そのような交流は内陸部の隣人たちと比較して沿岸部の社会の文化を変化——あるいは穏健化——すると示唆することとさえした*30。

しかし、情報機能には偶発的な文化的交流——沿岸部の人々との交わりの副産物——よりも遙かに大きな意義がある。情報領域は海軍関係者が対外政策を支援し、シーパワーの堂々たる手段を誇示するメッセージを伝える。それに加えて、相手をひるませ、同盟国と友好国を励まし、共通の企てのために新たなパートナーを募集するための決意を伝える媒体でもある。船乗りたちは、国家目標にとって好ましい世論を形成するために、この媒体を用いようと躍起《やっき》になっている。次の章では「海軍外交」について更に多くが語られている。

したがって、協力的な努力というものはたいていの場合、ティルの輸送機能に限定される。なぜならそれが最も非闘争的であり、同時にそこにある共通の利益が最も明白で説得力を持つからだ。供給元と顧客の間の商船の自由な動きを妨げることから利益を得る沿岸国はほとんどない。結局のところ、通商こそが神様なのだ。輸送ネットワークの保護は四つの属性の中で多国間の行動に最もなじみやすいように見える。同時に、政府は友好的な協調と競争的な企てを分離しながら、自らの海洋活動を区分けすることは容易ではないということを覚えておかねばならない。海洋国家が同一の海域で競争的な任務と協力的な任務に着手したときには、多面的な問題が潜んでいる。他の国とは交流したり、悪影響を及ぼしたり、あるいは破滅させることもできるのだ。

時間と空間における統一体としての海

世界の大洋と付属海は繋がった単一の水の塊である。地球物理学的な表現で、マハンはこれらの海を一つの分割できない統一体と表現した。彼は一般的ではあるが、主として勝手に決められた様々な海域の区分に反対を唱えた。そのため、太平洋とインド洋を総括的な「インド太平洋」地域として描写する学者と政府の傾向に、彼が合意するだろうことはほとんど確実だ*31。大洋と付属海は相互に連結されている――陸地に囲まれたカスピ海のような明らかな例外はある――だけでなく、海は大陸の内陸部まで手を伸ばしている*32。航行可能な河川は、大陸中心部《ハートランド》深くにある生産者と顧客を公海につなげ、そこからさらに海外の市場と原料供給国につなぐための、淡水でできた足がかりである。ミシシッピー川や揚子江のような水路は通商を促進し、陸上輸送の必要を減少させることで取引コストを削減する。

その一方で、もし厳重に防衛されていなければ、内陸水路は危険である。二〇世紀になっても揚子江には外国の砲艦が群をなし、中国の内陸地帯で海洋力を行使した*33。あるいはマハンのような南北戦争の北軍海軍の古参兵《ベテラン》は、アメリカの文脈において「南部諸州のために富を運びその貿易を支えてきた河川は、かえって南部にとって害となり、敵軍がそこを通って心臓部に進入するのを許すことになった」と指摘した*34。沿岸と内陸水域を防衛するのに、極めて貧弱な海軍しか有していなかったので、南部連合国はこれらの水域の管制を失い――内側から自らが寸断されるのを目の当たりにすることになった。マハンは「この戦争ほどシーパワーが大きく決定的な役割を演じたことはない」と結論づけている*35。門に閂《かんぬき》をかけずに放置しておくことは軽率この上ない。シーパワーは公海だけのものではないのだ。

大洋と付属海は別の方法でも結ばれている。元北大西洋条約機構（NATO）最高司令官ジェイムズ・スタヴリディス（James Stavridis）海軍大将は彼の本である『海の地政学』（*Sea Power*）を、海の物理的特徴についてマハン主義的な響きを持つ評価をすることから始めている。彼は地理空間だけでなく時間的にも「海はひとつ」と主張している。世界の海洋は全世界にわたって「水平的に」広がっているのはもちろんだが、それは同時に、時間をさかのぼり「垂直的に」揺れ動いている。言葉を換えれば、船で海に赴く時に船乗りはなにかより大きくて、より古きものの一部となる。甲板に出てきた船乗りが見るのは「アレクサンドロス大王が東地中海に遠征したとき……ハルゼーが高速空母群を西太平洋での戦闘に急行させたときに見たのと同じ光景だ」*36。

「ブル」ハルゼー提督がかつて指揮をし、一九八〇年代に再編成された第三艦隊の水上艦艇の一隻で勤務していたので、私はこれらの神秘的な響きを持つ言葉に賛成だ*37。そこには遙か昔の世代の船乗りたちとの結びつきがあり――この絆はアメリカと海外の船乗りの間の交流の一端をなしている。船乗りは「陸の世界から大洋のかなたに直ちに赴き、しかし同時に、広々とした大洋に針路を定めた男女とは長い連鎖でつながっている」と、スタヴリディスは明らかにしている*38。海をゆく人々は数世紀にわたって海の仲間意識を共有している。

特色のない平面としての海

広大な海洋は特色のない平面に似ている。マハンは「海上交通路」という平凡な比喩に異議を唱えた。海を横切る道などないのだ。トラックや自動車のような陸地に限定された輸送機関のように、船もある場所から他の場所へ予想可能な道筋に沿って旅をしなければならないことが示唆されているが、この陸上のたとえ話は海水領域にはせいぜい不正確にしか当てはまらない。そしてこれは、これらの航路に沿って、船の位置を局限できる――戦時には探知し、追尾し、照準し、攻撃できる――ということを暗に示している。そこには船旅における予測可能性と周期性がある。

しかし、そうではない――あるいは少なくてもそうである「必要」はない。海上交通路はある港から他の港へとつながる便利な経路上に存在するのだ。最短の道筋を辿ることは時間、燃料、経費、乗組員と機材の損耗を抑える。しかし、海は船乗りがたとえば悪天候、戦争状態にあるか海賊がはびこる水域、あるいは海に向かって波及してくるかもしれない地上の紛争を避けて、回り道へと迂回することを妨げるようないかなる物理的障壁も押しつけない。マハンは広大な海を、山脈や渓谷のような不動の地形ではなく、ベクトル力学が艦船の動きを支配する平滑な平原に例えている。

「海洋というものは、陸地に接近するまでは、なんら障害物に邪魔されない大平原の理想を実現するものである。海上には……戦場なるものはないという言葉の意味するところは、軍隊の移動に際して将軍を束縛したり、ときには掣肘《せいちゅう》したりするような地理的拘束はなにもない、ということである……地球上の二地点を結ぶ無数の水路のうち、船がどの一航路をとっても、大洋そのものはなんら障害を与えないが、距離の大小や便宜の多寡、往来の頻繁《ひんぱん》さや風の有無などの条件によって、おのずから普通一般に用いられる航路が定められる*39」

地図と陸標の代わりに、船乗りは海図、極座標を用いた運動盤、および幾何学ではおなじみの道具――コンパス、六分儀、平行定規といったもの――をこの轍《わだち》のない表面で航行するために使う。広い海洋において行動を誘導しあるいは妨げる障害物がないので、無限に多くの航路が海岸のある地点とその他の海岸に沿った別の地点とを結んでいる。

したがって、マハンが熱心に主張したように、海路《シールート》を「交通線《レーン》」と呼ぶことは人を誤解に導く。車道は陸上で旅人を捜索する上での問題を単純なものにする。ある警察官や追い剥ぎは、ある道路上のどこで自動車の運転手を捕まえるのか名案を持っている。しかし、海で作戦をしている艦船、潜水艦、あるいは航空機は、獲物を見つけるために大部分は空っぽの地理空間を探し回らなければならない。海は規模と容積においてけた外れで、これに比べれば世界最大の艦船や艦隊であってもとるに足らない。司令官たちは広大な海域を監視するために部隊を分散しなければならない――そして、状況が許せば兵力を集合させ、これらの部隊を交戦に向けて合同させることが苛立たしい仕事であることが明らかとなる。このため、海洋における地理は、海で無法者を取り締まる沿岸警備隊の力であれ敵を打ち破ろうとする海軍の力であれ、物理的な力を希釈する傾向がある。

それでも、自分の獲物を見つけることは不可能ではない。マハンが指摘するように、一方では、ある地点から別のところへは直航航路があり、船舶はこれに沿って航行する傾向がある。地球の球面幾何学のせいで、「大圏航路」を記入することは、しばしばA地点からB地点へのもっとも経済的な道筋を示すことになる*40。これが偵察の助けとなるので、船旅の経済性は船舶の運航の予測の手段となりうるのである。マハンの同時代人である、英国の海軍史家であり理論家であるジュリアン・コーベット（Julian Corbett）は、空っぽな平面における船舶発見の実践的様相を再検討した。コーベットは海を「肥沃な場所」と「不毛な場所」に分類した。彼は、肥沃な海洋地域は商船が密集しており――ゆえに付近を徘徊するために海軍が争う論理的な場所であると述べている。そこでは、商船が集中し群をなす一方で、不毛な場所は大部分が空っぽのままである*41。

コーベットは、ある船を発見することは航海中の三地点でのみ容易であり、それは、出発地、目的地、そして商船がそれに沿って必ず横断しなければならない「集束点」あるいは「集束海域」であると説明している。（マハンは、船積港が「純粋に軍事的であれそれ以外であれ海軍の大遠征が通常は最も効果的に行われうる地点」であると同意した＊42）。集束海域は肥沃な海域である。海上航路は集束点で合流し、そこではある水域から別の場所へと船舶が海峡やその他の狭隘な海を通峡する＊43。そのような海の通路は、都市部の道路における交差点に当たるものだ。交差点には様々な方向から様々なスピードで車両がやってくる。通り抜ける間、交通はそこで一塊になる。

交差点と海洋集束点の双方は、警戒中の警官や軍隊が、彼らが監視したり逮捕したい船舶の位置を突き止めるのに役立つ。ジブラルタル海峡、ホルムズ海峡、あるいはマラッカ海峡の入り口は、地球上に点在する多くの集束海域のたった三つにすぎない。たとえば、世界の貿易品の約四分の一を運ぶ十万隻近い船舶が毎年、マラッカ海峡を通峡する＊44。その入り口はコーベットの専門用語でいえば典型的な肥沃な海域である。中国、インド、アメリカおよび域内の大国が南アジアおよび東南アジアで権力と影響力を得ようと画策するにつれ、この集束点もまた地政学的な重要性を持つようになる。

船が沿岸に近づく際の、地形で分断された国境地帯としての海

コーベットの集束海域の論理は、船舶がだんだん沿岸に近づくと、海が分断された平原に似てくることを明らかにしている。まるで、ロッキー山脈が大平原《グレートプレーンズ》の西端に沿って張り出しているように、地形はその場所に現れ出でるものである。地形には従わなければならない。海と陸が出会う場所では船は地形に従わなければならないし、そうしないと災難に遭う。それゆえ、

シーパワーの幾何学的特質〔平面〕を大げさに扱いすぎることも間違った考えである。既に述べたとおり、マハンは、ベクトル力学が支配する不毛の平原の論理は海が「陸に近づく」間でのみ有効である、と正しく観察した＊45。確かに、船舶を見つけるためのコーベットの三つ全ての結節点、すなわち出発地、目的地、集束点は外洋航海術が不変の陸上地勢に道を譲るか、そうしなければ災難に直面するような旅路に沿った場所に見つかる。

海にも地形は「ある」――主として陸に面した縁《ふち》に沿って存在する。これこそが船が外洋では自らの位置を〔海図に〕記入し適切な針路速力を決定するために道具と数式を用いて「航海」するが、沿岸では「操船《パイロット》」する理由である。操船するとき、船の乗組員は海岸の特徴を目視で見張り、自船の位置を決定する補佐をし、危険な場所を回避する。操船する事は重要な点でオリエンテーリング競技に似ている。

昔の海軍から伝わるあるジョークが、この分かり切った真実を今に伝えている。ある航空母艦の艦橋当直チーム――あるいはこのジョークの別のバージョンだと戦艦の当直チームが、海で安全情報の交換に用いられる国際ＶＨＦ無線の周波数一六チャンネルを用いて、ある目標を呼び出した。空母の艦長は、おそらく階級の特権も意識した古手の熟練船乗りで、その船舶に衝突を避けるため針路を変えろと要求した。相手の船長は道を譲ることを拒否した。怒りがめらめらと燃え上がった。最終的にさらにエスカレートした後で、その不明船は、自分の正体を明らかにした……なんと灯台だった。空母が変針することを拒んだとき、灯台守は「決めるのはあなたですよ」と答えたのだ＊46。二者が出会ったとき、陸が海をやっつける。したがって賢い海洋戦略家は、地理的位置、重要な水域、および海底地形に注意を払うのだ。

潜水艦と航空機が駆け巡ることができる三次元領域としての海

海の公共財は、航空機や潜水艦のような特別な乗り物が作戦するための三次元の媒体でもある。航空機は様々な高度で戦術的優位をめぐり機動できるし、潜水艦は敵のセンサーを混乱させるために海洋の水の層の下に隠れたり、あるいは海水温度、水圧、塩分濃度の違いを利用することに優れており、これにより探知を免れることに長《た》けている。このため、航空機も潜水艦も平面上というより、立体的に行動する。しかしながら、この自由にも限界はある。もし海が沿岸近くで水上艦船にとっての平原であることをやめるとすれば、浅海面および狭水道は潜水艦の行動の自由を限定し束縛する。航空機も同様に、離陸、着陸、陸上における低空飛行、沿岸を巡航する際には、固定的な地理的特徴に従わなければならない。

船乗りに助言するために、マハンは海峡のような狭い海域の持つ戦略的価値と危険を評価するための枠組みを整理している。この取り組みは潜在的な海軍基地の場所を評価するための彼の公式（第2章参照）によく似ている。彼は「こうした海峡ないし隘路《あいろ》の軍事的重要性は、地理的位置だけでは決まらない。横幅や全長や航行難度も無視できない」と述べている。更に具体的に言うと、海峡はその価値がその「位置関係」すなわち海図上の位置に左右される「戦略地点」を象徴している。その価値はその「強度」すなわち「敵の侵攻を防ぐという意味で保有国を有利な立場に導くこと」に左右される＊47。海峡の持つ力を高めるために、その占有者は敵の進路に機雷のような障害物をまき散らすこともできるだろう。

　更に、狭隘な海の価値は、「保有国がある地点に到達するのを支援する設備などの手段や利点」の利用を許さないことにもある*48。加えて、いくつかの水路は海図上のどこにあるかによって、他の水路よりも重要となる。それゆえ、マハンはより大きな地理的背景抜きに、狭い海域に評価を下すことに警鐘を鳴らした。「水道の価値を見極める際には」近隣にある代替航路の数とそれが使用可能か否かを計算に入れることが極めて重要である。「もし、敵国にその水道を使わせず、大きく遠回りを強制する場合、水道の価値は高まる」。希少性は水路の重要性を増大させる。もし水路が「二ヵ所の海域ないし海軍基地をつなぐ唯一の存在」を構成しているのであれば、その価値は急上昇する*49。

　立地条件の良い出入り口は、それを保持しているライバルにとって、ある場所から別の場所への近道になる。敵の艦船がそこを使うことを拒否することは、彼らが目的地に向けてさらに長距離でより回り道の、おそらく一層消耗させ、コストがかかる道筋を辿ることを強制する。たとえば、カリブ海の東端を形作る緩やかな群島である小アンティル諸島を通り抜ける海峡は、価値あるものをほとんど支配していない。群島の弧に沿って、多くの代替となる海峡があり、その多くは航行が容易である。したがって、マハンの用語に従えば、特別な価値を持つものはないということだ。船舶は争奪戦中の水路を、それと同じぐらい良い水路で単に迂回することができるだろう。

　これに対して、地中海を通る際の細い「ウエスト」である中間地帯の争いは敵の海上移動に大きな問題点を投げかけるだろう。一九四二年から一九四三年の間、枢軸軍の水上部隊と陸上航空機は、サルジニアとシシリーをチュニジアの北端から隔てる狭い水路を通過する英国の輸送船団に対して強烈な打撃を加えた。この間、英国の増援部隊と輸送船団は、地中海東部に赴くために、アフリカ南端の喜望峰を迂回した＊50。ある部隊に敵の海上交通を地中海に閉じこめるか、大西洋か紅海から接近する敵の侵入を防ぐ力を与えることでジブラルタル海峡とスエズ運河を封鎖する能力は、現在でも更に効果があるだろう。

海面下の地形図と水路測量学は、三次元の公共財を理解し、利用する上で更に重要だ。マハン自身は主として水上交通に関心を寄せていたのであるが、マハン的な分析は垂直面の領域にも適用できる。（マハンは第一次世界大戦初期に亡くなり、コーベットは大戦後まもなく死去しており、潜水艦と航空作戦が真の潜在能力を発揮し始める前に両者はこの世を去った。したがって、この二人の著者はこれらの重要な問題にほとんど言及していない）。複雑に絡み合う海峡、浅海域あるいは浅瀬は、ある水路の攻撃的あるいは防衛的な潜在力を決定づける要因となる＊51。通航困難な水路は防衛する側にとっての長所を代表しており――通航を遮断するための防衛側の努力を別にしても、水路の複雑さと気まぐれはこれに不慣れな敵にとって命取りになりかねない。

マハンの分析にさらに一点を加える価値がある。つまり、海洋の地形は変化するかもしれないし、それは段階的に起こることもあれば唐突に発生することもありうる。水の流れ、特に浅海域の水路は自然災害や悪天候の間に場所を変えるかもしれない。仮に気候変動がさらに信頼できる基盤として北極海航路を解放したら、北極海は千変万化の領域になるかもしれない。結局のところ、氷は季節の変化に従って拡大し縮小するし、それは不規則に発生するだろう。戦略家たちは危険か、あるは全く航行不能になってしまった水域や水路を作戦の前提条件としないように、そのような気まぐれに対して備えを固めなければならない。

船乗りと飛行機乗りが自らの専門的職業の領域として思いを馳せる一つの環境としての海

海は――他の作戦領域と同様に――精神を形成する場である。ソクラテス（Socrates）は吟味されざる生は生きる価値なしと戒めた*52。ワイリー（J. C. Wylie）提督は人類と戦闘空間の関係にソクラテス的な吟味を加えることを提案した。ワイリーはある領域の物理的特徴をそこで作戦する者の精神に前提として刻み込み、その後でその領域でどうやって軍事大事業を遂行するかについての想定を形作ることを提唱している。人間の意思の伝達にとって、前提は大きな問題である。結局、論理的証明のいかなる試みも、その体系の内側では証明も反証もできない原理がスタート地点なのだ。議論への参加者は前提が自明かそうではないかをまずは受け入れなければならない。

そうでなければ、彼らは進歩するのに苦しむことになる。膠着状態はしばしば、討論者が折り合わない前提から議論する時に生じる。彼らは、対話のための共通の立脚点が貧弱であることを目の当たりにするだろう。実際には、ワイリーは良く知られている官僚の反目についての古い格言である「人々の行動はその立場によって決まる」を改作して成文化している。彼の軍人バージョンは「人々の行動はその作戦する場所によって決まる」と主張する。彼は「ほぼ全ての現役の戦略家は、意識するしないにかかわらず」四つの理論、すなわち「陸上戦略理論(the continental theory)、海洋戦略理論(the maritime theory)、航空戦略理論(the air theory)および『人民解放戦争』のゲリラ戦理論(the Mao theory)」のうちの一つの信奉者であると主張し、軍人たちを異なる思想集団に分類したのだ＊53。

ワイリー提督は、地上の兵士は決戦が敵の国民生活へ圧力をかけるための必要条件であると決めてかかり、飛行機乗りたちは高空からものを破壊することで地上の出来事を支配できると決めてかかり、船乗りたちは制海が軍事的成功の鍵を象徴することを当然のこととしていると主張する。ワイリーは船乗りたちに彼らの作戦領域に由来する仮定と先入観を理解した上で、統合作戦および連合作戦の仲間たちとの議論中に確立された〔統合・連合作戦の〕教訓を考慮に入れることを熱心に勧める。ワイリーは軍の実践家たちが共通の言語と一連の仮定に向けて働くことで共通の基盤を築き、その上に実り多き議論と戦略策定のための展望を推進することを促したのだ。

シーパワーとは何か?

加えて、海は明らかに巨大な液体の塊以上のものである。冒頭に述べたように、アルフレッド・セイヤー・マハンは海洋戦略を、東アジアや西ヨーロッパのような交易地域への通商上、外交上そして軍事上のアクセスを守ることを意味すると信じていた。もし彼が今日生きていれば、彼は疑いなく南アジアと中東を注目すべき場所のリストに加えただろう。さらに言えば、「中東」という語句を作り出したのが彼であることは明らかである*54。効果的に推進され、アクセスを追求する戦略は好循環の手順を整える。すなわち、海軍は海外との交易が成長するのを助けてアクセスを保護し、今度は交易が大海軍の維持に必要な税金歳入を生じる。無限の未来までこの循環を永続させることが、政治家と司令官たちの仕事である。これによってのみ、国家は海洋事業から得られる報酬を収穫できるのだ。

マハンは次にシーパワーをさらに厳密な言葉で定義し、どの社会が広大な水域で仕事をするための正しい素質を持つのかを考察した。彼は熱烈な英国びいきであったのだが、シーパワーの鋳型を作ったという理由からフランス人のジャン＝バティスト・コルベール（**Jean-Baptiste Colbert**）を賞賛している。コルベールは太陽王の名の方が有名なフランスの絶対君主であるルイ一四世の統治下で、海軍大臣として活動した。コルベールは、海洋問題を聖職者にして政治家でありフランス海軍の創設者と称えられるリシュリュー（**Richelieu**）枢機卿から学んだ。一六六〇年代にルイ王がコルベールに勅命を授けたとき、この海軍大臣は「シーパワーの三つの連鎖」すなわち、生産、海軍および商船隊、そして市場――「一言で言えばシーパワー」の構築に取りかかったとマハンは著述している*55。これがマハンの古典的な定義である。

シーパワーを行使する者は、政策立案者から与えられた目的に沿って通商上のアクセスを探し求める。それゆえに、マハンは本国における産業、海軍と商船隊、海外における基地と市場をシーパワーの三つの連動する構成要素であると述べた。そしてまさにその通りなのだ。通商、艦船、そして基地は、この本においてもシーパワーの基礎を明らかにするための近道を我々に教えてくれる。マハンはこのような言い方はしていないが、シーパワーはこの三つの変数の足し算ではなく、掛け算の結果に違いない。考えてみたまえ。もしシーパワーのいずれかの要素がゼロであれば、シーパワーを望んだある国民はお粗末な見通しを持つことになる。もしある国家の経済が衰退していれば、その政府は商船隊に対する需要がほとんどなく、通商を保護するための海軍に資金を提供する手段も最低限しか有していないことになる。そしてまた、国内生産者が売るべきものがほとんどなく、海外へのアクセスを極わずかしか必要としないので、その政府は海外の市場や海軍基地を必要としない。

これは大げさかもしれない——でも極わずかにだ。仮説だが、ある活動的な産業大国は貧弱な海軍または商船隊でうまくやり遂げる「かも」しれない。その国は商品を本国で生産してこれを海外に売ることができるだろう。しかし、もしその政府が商船と海軍艦艇に投資することを拒んだら、指導者は本当に賢明に投資を行った海外の競争相手の移ろいやすい好意に、国家の経済的盛衰を委ねていくことになるだろう。商品は外国の船舶で輸送されなければならないだろうし、ある敵対的な海軍が海洋公共財を交易に対して閉ざしても、政府は頼みの綱をほとんど持っていないことになるだろう。シーパワーの連鎖のどこかの環をなおざりにすることは、同時に、国家の繁栄を危うくするということだ。

もし、マハンが述べるように、交通手段——海を原材料、完成品および軍事力を輸送するために用いる能力——が「政治的であれ軍事的であれ戦略においてもっとも重要な唯一の要素」

を構成し、「シーパワーの卓越」が海上交通線を管制する能力に存在するならば、「自分自身のためにこれらの交通手段を保証するための、そして敵に対してこれらを遮断するための」このパワーは、「国家の活力のまさに根元」に作用する*56。沿岸国の海へのアクセスを遮断することは、植物の根を切り離すようなものだ。栄養がなければ産業はしぼんで死んでしまう。経済的繁栄を将来の競争相手に譲り渡した産業国家はその根を切断することになる。そのような国家はマハン的な用語では良くて中途半端な海洋大国の資格しかない。その国は他の国の獲物になることに合意しているのだ。

海外市場と港湾へのアクセスを持たない産業国家は、たとえどうにかして商船隊と海軍の艦隊を動かす歳入を集められたとしても、多くを成し遂げることはできない。このため、マハンはアクセスに重きを置いている。彼はこれを海洋戦略の目的であり海洋戦略を推進する原動力であると断言している。これをもとにして、彼は海外へと前方展開される海軍基地を強調している。大洋国家のシーパワーに対する資格を評価するためには、次に海外交易（すなわち商船および海軍艦艇を建造し、展開し、維持すること、および前方の港湾や基地へのアクセスを達成すること）を行う潜在力の掛け算としてその総合的能力を考えるのだ。真の海洋大国はシーパワーの連鎖を構成する三つの環の全てを鍛造するのである。

誰が正しい素質を有しているかを測定する：マハンの「シーパワーの要素」

マハンは、アメリカが注目すべき海洋大国になるようにと背中を押すために本を書き、米国が過去の海洋覇権国、たとえばイギリス、オランダ、ポルトガル帝国やスペイン帝国と肩を並べることを望んだ。彼は何がこれらの国を偉大にしたのかを考えることから着手した。海洋の広範な歴史を通しての彼の探求は、海へ向かうために社会の準備を整えさせる六つの「要素」あるいは国家の特徴、経済的並びに物理的な力を決定する要素を明らかにした（私はその中の「領土の範囲」と「住民の数」の二つの要素を合体させて、一つの「人口統計」にまとめた）。

マハンはシーパワーの要素に関する彼の論考を、彼の本であり、議論の余地はあるが最も影響力を持ったアメリカのノンフィクション本である『海上権力史論』（*The Influence of Sea Power upon History, 1660-1783*）の冒頭で発表している＊57。シーパワーは本国から始まり、資源だけでなく、国民、政府および海軍機構の立場からは決意と気概を必要とする。さもなければ、海運業に行くはずであった資源が他の目的に転用されるか、陸上でとっておかれることになる。彼の決定要素は地理的位置、自然的形態、人口統計、国民性、政府の性格である。

地理的位置

マハンは海洋戦略を航空戦領域や陸上戦領域とは異なり、戦時にも平時にも同様に機能すると強調している。「戦時におけると同様平時においても、国のシーパワーを建設し、支援し、増大することをその目的とする」のである＊58。精力的に研究されているので、それは常に変化している進取の気性に満ちた種類の戦略である。創造的な戦略家たちが通商、外交および海上戦に向けた自国の能力を高めるために休むことなく懸命に努力している。

外洋海洋大国を目指していて、安全な陸上国境を持つ――あるいはまったく陸上国境を持たない――国は地理的に恵まれている。自国の安全は、最も重要なもの、すなわち本国を危険にさらすことなく戦略家たちがエネルギーを自由に海外に向けられるようにする。マハンは英国が陸路による侵略から防衛すべき国境を持っていなかったことを指摘している。英国の指導者はその海上支配の時代に、「目標を統一」しながら海外への偉業を企てる余裕があったのだ。これとは対照的に、オランダは陸上防衛で心が一杯だった。オランダの指導者は、彼らが極東まで伸びた海上帝国を建設したときでさえ、外部の侵略者から自らの独立を守るために大規模な陸軍を維持しなければならなかった。フランスは反対の問題を抱えていた。すなわち、「防御ではなく」攻撃が支配者たちを誘惑したのだ。フランスの君主は陸上の征服や影響力拡大を狙いとした攻勢戦役に「ときには賢明であったがときには最も愚かにも絶えず方向転換される」状態にいた＊59。陸上国境を接していることは海洋志向から気を逸らしてしまうのだ。

もし地形が複数の沿岸を防衛するために、ある国にその軍隊を分割することを強いるのであれば、地形は障害物でもある。英国の海軍はイギリス諸島の周辺全てで行動の自由を享受《きょうじゅ》しており、交戦のために自由自在に艦隊を集中することができたとマハンは述べている。フランスはそのような自由を味わっていない。イベリア半島はジブラルタル海峡――英国の要塞であるジブラルタルを持つ――とともにフランスの大西洋岸と地中海沿岸との間で大西洋に突きだしており、両岸の間に立ちふさがっていた。フランス政府は大西洋と地中海の間で艦隊を「配置転換」する必要があるかもしれないが、英国またはその他の敵はジブラルタルを通峡する艦隊の移動を阻止したり、海上におけるフランスの戦略を邪魔したりすることができた。これらが防衛すべき複数の沿岸に取り巻かれているあらゆる国が直面するジレンマである。

地形は米国の南北に友好的な隣人を、大西洋と太平洋に水の城壁を授けた。米国は英国のような島ではないがそれに近いものがあり、その自然の防壁は米国に海洋緩衝帯を与えており、その幅は北海やイギリス海峡と比べて遙《はる》かに広い。その一方で、カナダの広大な陸地が米国の北方に、メキシコが南方に横たわり、両大洋間の移動が妨害される可能性があるので、アメリカの政治家と軍司令官は二正面作戦の誘惑にさらされている。言葉を変えれば、地形は米国政府が米海軍を二つの大洋間に分割することを促すのだ。

しかしながら、一九一五年にパナマ運河が開通するまで、艦船を東西の沿岸の間で移動することは途方もない難行であった。艦船は南アメリカ南端のホーン岬を遙かな距離としばしば大荒れの天候に対処しながら迂回する必要があった。マハンや、セオドア・ルーズベルト(Theodore Roosevelt)や、他の一九世紀末の海軍主義者の著作についてのどの調査も、いかに地理的な苦境が彼らをいらだたせていたのかを示している。運河が助けとはなったが、米国海軍は議会が両洋艦隊の建設を認める一九四〇年までこの両海岸のジレンマから完全には自由になれなかった*60。今日、海軍の封鎖あるいはその他の軍事活動による運河の遮断は、米西戦争の間に戦艦オレゴン（Oregon）が太平洋の配属地からカリブ海の戦闘海域に到達するためにしなければならなかったように、アメリカの艦隊に南アメリカの迂回を再開することを強いるだろう＊61。あるいは気候変動が通年あるいは一部期間、北極水域を開放すれば、米国の任務部隊は北極海航路を採用するかもしれない。

どちらにしても、狡猾な敵対者はパナマ運河によってもたらされた機動性の優位を打ち消し、いつか起きるかもしれない戦争において、地形をアメリカの海洋戦略の障害にすることができるかもしれない＊62。この危険は他の艦隊の支援がなくても目の前の挑戦に対処できる十分大規模で強力な艦隊を議会が両大洋に配備するまで残るだろう。海軍が両洋艦隊の基準を現代でも満たすか否かは未解決の問題だ＊63。

海洋国家は海への容易なアクセスおよび重要な海上交通路の近傍に所在することで恩恵を受ける。マハンは、もし「公海に容易に出ていくことができ、しかも同時に世界交通の重要航路の一つを管制することができるような位置を占めているならば」、その国は本当に幸運な戦略位置を占めていると強調した＊64。英国はそのような位置を占めている。ブリテン諸島は北海、そして次にはバルト海、さらに広大な大西洋を繋ぐ海上航路に隣接している。ドイツとオランダは過去の〔英国との〕海上戦争において、自分たちが極めて不利な立場に置かれていたのを知った。なぜなら、彼らの主敵は公海への直接のアクセスを塞いで横たわっていたからだ。英国海軍はイギリス海峡と、スコットランドとノルウェーを隔てる北方水域を単に封鎖する必要があるだけであった。ロシアのバルト海艦隊は同様に北大西洋条約機構（ＮＡＴＯ）とロシアの海軍戦争が今日生起すれば、バルト海から出るのに大きな問題に直面するであろう。

米国は、二つの大洋への容易なアクセスをほしいままにしており、加えて十分な決意と資源によりパナマへの接近路を独占できる立場にある。あるいはインドを見るがよい。亜大陸の長大な海岸線は、インドの船乗りをして封鎖を迂回させるであろうし、一方でその南端はインド洋の様々な入り口と地域の間を交差する海上交通路に隣接している。これを要するに羨望に値する戦略的位置ということになる。その一方でインドは攻撃的な中国と陸上国境を共有しており、その全般的な戦略展望を混乱させている。インド政府は陸上で敗北するのを恐れているので、シーパワーに大規模な資源投入ができないのだ。

他方では、西太平洋とインド洋へのアクセスが、同心円上にある二つの一連の島嶼――米国と友好的で〔中国にとっては〕潜在的な敵が住む「第一列島線」〔日本（九州から沖縄）、台湾、フィリピンおよびインドネシア（ボルネオ島）を結ぶ線〕と「第二列島線」〔日本（伊豆諸島および小笠原諸島）、グアム、サイパンおよびパプアニューギニアを結ぶ線〕により阻止されていることを発見した中国の窮状について考慮する必要がある＊65。米国の同盟諸国は第一列島線を貫く海峡を容易に封鎖することができるだろう。周囲の状況は中国政府が目的地における通商上および軍事上のアクセスについて懸念する贅沢を味わう前に、直近海域を越えた海へのアクセスを心配することを強いている。別の言葉で言えば、中国は大国の狭間の戦略的には比類なく厳しい場所に存在している。その指導者は天津あるいは上海である船が全ての係留索を解いてから、目的地で岸壁に横付けるまでずっと、アクセスについて思い悩まなければならない。

この海軍史家〔マハン〕は、様々な戦略的特徴の重要性をかいま見るために、欧州の海洋史をじっくりと読み返している。彼は地中海とカリブ海が「多くの点において著しく似通っている」ことを明察している。ひとたびパナマ運河が開通すれば、カリブ海とメキシコ湾に彼らと対になる相手〔地中海〕にとってのジブラルタル海峡やスエズ運河を与えて、この類似性に新たな響きを加える見込みがあった。地形の人為的変更はけた外れの戦略的影響をもたらすことができる。スエズ運河のおかげで、西ヨーロッパに母港を持つ艦船が東方水域に到達する際に、ホーン岬や喜望峰を経由した長期航海を行う必要がなくなった。同様に、マハンはパナマ運河がカリブ海とメキシコ湾を「世界の大公道の一つ」に転換すると書いている。この中央アメリカ水路は、大西洋に母港を持つ艦船が太平洋やインド洋に至るため、あるいはその逆航路で、南アメリカあるいはアフリカを迂回しなくても良いようにしたのである*66。

沿岸または半閉鎖海における洞察を戦略に導くことで、歴史研究は地理分析の一部になる。不動産と違って立地が全てではないかもしれないが、それは大きな問題だ。海洋戦略を巧みに組み上げるには、地図を見ることから始めなければならない。

自然的形態

マハンはある国の海岸線に沿って戦略的に配置された海港を、海洋支配の極めて重要な構成要素と見なしている。港はその国に海への通商上および軍事上のアクセスを提供するものである。彼は海洋国境地帯の特徴を探求するために、「アクセス」という際だって現代的な用語を使いながら、国家の海岸線をフロンティアの一つであると述べている。

遠方の地域への通商上の、政治上の、軍事上のアクセスは、海洋戦略の目標と原動力を構成するが、一方では、アクセスとは本国から始まるものである。未来の海洋社会にとって長大な海岸線は望ましいものであるが、もしフロンティアからその彼方に広がるもの――すなわち公海へのアクセスを提供する港湾が点在していなければ、海岸線もほとんど無価値に等しい。良い港湾がたくさんあると、その国の沿岸部が海をまたいで「ほかの世界と交通しようとする傾向がますます強くなる」ことがあるとマハンは熱心に説いている*67。いくつかの海港は、商船と軍艦の双方にとっての母港としての役割を果たすことで二重の役割を演じている。

同時に海港は海洋公共財の入り口への障壁を下げるとともに、公共財から国家の内地への入り口への障壁も下げる。ある港湾を港湾施設と基地の有力な候補者にするものは何だろうか？

第一に、それは存在していなければならない。「もし長い海岸線は持っているが全く港湾を持たない国があるとすれば」公海における交易あるいは海軍力の可能性をほとんど持たないとマハンは述べている*68。桟橋、造船所、弾薬集積所、およびその他の施設が建設できることが必須である。砂浜越しに物資を大量に輸送することは実際的ではないし、商船隊あるいは海軍の艦隊を沖合の錨地で再艤装することも同様である。人工港湾を創り出すことは、膨大な経費と機会費用を投入した場合にのみ可能である。換言すれば、人造の港はほかの場所でもっと活かされるかもしれなかった資源を徐々に枯渇させる。例え望んだとしても、そのような事業を始めることができる国はほとんどない。

第二に、良い港湾は水深が深く、それゆえあらゆる形と大きさの船舶が航行可能である。水深の浅い港湾——あるいは水路があまりに入り組んでいるので船舶が出入港に際して急な切り返しをしなければならない港湾——は大型の貨物船や軍艦が入港することができない。喫水の深い艦船が行ったり来たりできる浚渫《しゅんせつ》された可航水路を作るような大規模な改良工事をしない限り、これらの港には限られた用途しかない。そのような公共土木工事は膨大な規模の費用を必要とするかもしれない。このため、そのような港湾は、何もないよりはましであるが、海洋戦略のための候補者ではない。

第三に、港湾は数多くあるべきである。海洋公共財への出口を多く持つことで利益を得る国家は、生産者から消費者への製品および原材料の流れを促進する。特に価値があるのが、海へのアクセスと国内奥地との水上輸送のアクセスを併せ持つ大規模河川の河口に位置する港湾である。ニューオーリンズ、ロッテルダム、上海は良い位置にある港湾の最適な見本である。

多数の港湾はまた、封鎖をしかける敵海軍の裏をかくのに有効なので、その国家の戦略の一覧表《ポートフォリオ》を多角化する。単独の港湾を封じ込めることは比較的単純な問題である。敵は単に一ヵ所に全ての努力と資源を集中すればよい。もし、多数の港湾を封鎖しなければならないときは、敵は艦隊をいくつもの戦隊、すなわち非常線を張るために各港に一つの部隊を分散配備しなければならない。これを行うことで敵は艦隊の一体化された力を、より多くの小さくて弱い塊に分散することになる。さらなる分散は、さらに徹底さを欠いた封鎖を意味する。各哨戒戦隊が弱体化するほど、封鎖破りの艦船が海に出て行き、ことによると哨戒戦隊に逆襲するチャンスが高まる。封鎖任務の苛酷さは長大かつ四方に広がった遮断線を穴だらけのものにする。

第四に、港湾は防衛可能でなければならない。マハンは読者に、一六六七年にオランダ海軍がテムズ河口に侵入し、イギリス海軍の多くをその母港で拿捕しあるいは炎上させたことを思い起こさせている。一八一四年には英国兵がチェサピーク湾に侵攻し、豪壮な大邸宅——今日ではホワイトハウスと呼ばれている——に火を放った*69。港湾の防衛を放置することは、深刻な危険をもたらす。

最後になるが、重要性が低いわけでは決してないのが、マハン好みの戦略家にとって港湾の最重要価値である地理的位置である。海上交通路に極めて近接した場所にある設備の整った港湾は、通商および海軍の事業に関して、海洋大国には大変役に立つ。技術者たちは、港湾の防衛、施設、あるいは兵站を改善することはできるが、しかし彼らも重要海域、海峡、あるいは敵の基地のような沿岸施設の近くへ、港を瞬間移動させることはできない。スエズやパナマおよび妥当な費用で人工的に改造できるその他の狭い陸地といった一握りの例外はあるが、物理的形態は総合的に見れば固定されており変えられない。

場所が全てではないかもしれないが、海港の候補者にとって場所は根本原則である。既に述べたとおり、パナマ運河はマハンのお気に入りの話題だった。彼はなぜアメリカがパナマ地峡により近いカリブ海およびメキシコ湾に前哨地を必要としているかを説明するために、彼の分析の大半を費やして喧伝《けんでん》した。彼はキーウエスト、ペンサコラ、あるいはニューオーリンズでさえ、この点に関しては役不足であると見なしていた。これらの港は商船を統制し、あるいは英国やドイツの帝国主義的な海軍の脅威を払いのけるために重要な航路交差点をパトロール中の軍艦を支援するには、パナマから遠すぎたのだ。その上、英国海軍は大西洋とパナマ地峡を連接する海上交通路のど真ん中にあるカリブ海のジャマイカ基地により、位置の上では優位に立っていた。これではよろしくない（戦略における地理の役割については第2章で再び述べる）。

マハンは自然的形態に関するその他の解説も示している。例として、もしある国家の一部が海で囲われうるのであれば、あるいはもし、本土から完全に分離しているのであれば、周辺の海域を支配することができる海軍を配備することが避けられない責務となる。イタリアは峻険《しゅんけん》な尾根で狭い東岸と西岸に分離された半島であり、沿岸に沿った南北交通を海からの攻撃に暴露している*70。あるいは、さらに深刻な事例をあげれば、大日本帝国は経済と生産を推進するために天然資源の輸入、とりわけ石油と天然ゴムを海に依存していた群島であった。島国と資源の供給者を結ぶ海上交通路を破壊すること――あるいはいっそのこと本土の島々の間の交通自体を封鎖すること――は大日本帝国の破滅につながる。これこそまさに米太平洋艦隊が第二次世界大戦中に行ったことだ。ひとたび日本海軍が周辺海域をそれ以上支配できなくなると、日本は滅びる運命にあった。

この歴史家［マハン］は、国家の自然的形態がその国民を海、陸あるいはその双方に向けて方向付けるということ、およびそれによってこの形態を彼らの政治的および戦略的文化に刻み込むということも熱心に主張した。そして、文化は国民が世界およびその中における彼らの居場所をどのように見るかを決めるので、政策と戦略は文化の下流にある。言葉を変えれば、物理的背景とは社会がどのように海洋戦略に働きかけるかを間接的に左右する*71。マハンは過去の海洋社会と一九世紀末のアメリカを比較して、楽観主義と憂鬱の双方の原因となるものを発見している。イギリスとオランダの両国は、乏しい埋蔵天然資源に苦しんだことを彼は発見した。この両国は、繁栄を求めて海原へ漕ぎ出すか、貧窮のうちに国にとどまるかの選択を迫られた。オランダの窮状はさらに深刻だった。「もしイギリスが海に引きつけられたとするならば、オランダは海に追いやられた。海なくしてイギリスは衰亡したがオランダは滅亡したのである」*72。

必要性が両国の社会を海に向かって転じさせ、一七世紀までに海上覇権を巡る競争でついに両国はお互いに衝突することとなった。オランダの商船とオランダの海外帝国を結ぶ海上交通路の間にまたがる英国の地理的位置に大きく助けられて、英国が勝利を収めた。どちらの側も海に出て行ったとマハンは結論づけるとともに、彼の合衆国も先例にならうことを望んだ。しかし、共和国［アメリカ］は危機に直面していた。天然資源が「あまりにも」有り余っていたのだ。米国はもしその注意とエネルギーを北アメリカの内陸に志向して海洋問題を無視しても、衰退も滅亡もしなかっただろう。むしろ栄えたかもしれない。

この点において、アメリカは「気候がよく、その国民が必要とする以上のものを自ら生産する楽土であった」という呪いを持つフランスに似ていた。海をせっせと使うことはフランスにとって生死の問題ではなかったので、指導者たちは商業的および軍事的な海運の損失からその注意を外れさせることができた。そして実際に、フランスは太陽王ルイ一四世の治世に極めて有力な海軍を建造したが、国王の注目が陸上の征服に向いたとたんに海軍が衰退するのを目の当たりにしただけだった。北アメリカの物理的構造は米国の指導者と普通の市民に陸上生活者となるオプションを示していた――そして、マハンは彼らがそのオプションを選択することを恐れていた。資源とは痛し痒《かゆ》しなのである。自然の恵みはアメリカ人から海に興味を持つ切実な動機を奪ったのだ*73。

再び世界を見渡してみよう。米英戦争（一八一二年戦争）の間、英国海軍はニューイングランドを封鎖し、アメリカのシーパワーを窒息させた。米商船と米海軍の双方が、気がついたら港内に閉じこめられていたのだ*74。しかしそれは、米国が大西洋の岸辺に身を寄せた数少ない州にとどまっていて、国内の物資輸送にはせいぜい未発達の道路と内陸インフラしかなかった頃だった。このため、各州を結んで物資を運んでいたのは、沿岸航路による海上輸送だった。そういうわけで、厳格な封鎖は国外「および」国内の通商を妨げた。西部のフロンティアが公式に消滅した一八九〇年までに、米国は大陸にまたがって広がる国になっていた。アメリカは生産と分配の結節点をネットワーク化するために、港湾を開発し道路と鉄道を建設した。そのときから、最強の敵であってもアメリカを封鎖することは不可能になったと言っても過言ではなかった。

これに対して、前述の理由から中国は封鎖に対して脆弱なままである。中国は北の渤海海盆から上海と香港を経て南方までの多数の沿岸経済中枢の建設を熱心に推進している。しかし、第一列島線は中国の沿岸全てを取り巻いている。これを迂回できる港はない。通商は中国を海の方向に向けさせたが、それにもかかわらず、中国は第一列島線の占有者による封鎖の可能性に直面している。インドの亜大陸はそのような障害からは自由であるが、その長い海岸線は将来性のある港をほとんど欠いており――それこそがインド政府が多大なコストをかけながら港湾の開発に専念してきた理由である。要するに、マハン的な分析は自身を知るためでばかりでなく、米国の海洋戦略の盛衰に影響を与えうる友人、敵、そして第三者の能力を評価するのに有用である。

人口統計

シーパワーに対する人口統計学的な適切な共通指標として、「領土の範囲」と「住民の数」の二つのマハンの要素を合体させることは適当だと思う。平方マイルあたり並びに海岸線の長さあたりの全住民の密集度と、特定の種類の技能および才能のある住民の数について彼は言及している。どちらの要素もシーパワーの基本的属性として人口統計を描いている。まさにその通りなのだ。

彼は強健な一般大衆の必要性を強調しながら、国家の物理的な大きさと比較した人口の生データから検討を始めている。彼はこれを戦略における永続的な問題の一つである集中と分散の問題として取り扱っている。人口密度の低い国は海からの攻撃に対して自らを防衛することが困難であることを知るだろう。彼が封鎖任務に従事したアメリカの南北戦争は、彼の選ぶ最適の事例を象徴している。マハンは「もし南部が好戦的であるとともに多数の人口を擁し、また海洋国としての他の資源に釣り合った海軍を持っていたならば、その長い海岸線と多数の入江は大きな力の要素となったであろう」と書いている*75。

けれども、南軍は北軍海軍に対して効果的に自らの港湾および入江を防護するには数が少なすぎた。北軍の薄っぺらな封鎖に穴をあけるために、南部沿岸のどこかに集中させるための人手も、艦船もあるいは兵器も南軍は保有していなかった。南部連合国は結局、海岸沿いだけでなくその内陸水路の支配権も失った。北軍の砲艦がミシシッピー川とその支流を傍若無人に巡航し、反乱軍〔南軍〕を内側からバラバラに薄切りにした。南部人たちは自分たちの尚武《しょうぶ》の気風を自画自賛していたが、どんな勇ましい文化も領域を守るのに少なすぎる人口を埋め合わせることはできない。

マハンはまた、海に関係した産業に特に注目しながら、一般大衆を構成する小集団の種類を強調した。彼は単に人口の生の数値データだけでなく、「勘定に入れるべきものは海上における仕事に従事するもの、少なくてもすぐに艦船勤務に使えるものと海軍用資材の建造に使えるものである」と述べている*76。そして今日の超現代的な時代においては技術的な創意も必須である。より優れた兵器を配備することで、戦術的および作戦的での全面支配には至らなくても、戦術および作戦面で優位に立つことができる。より優れた技術は兵力の劣勢をある程度まで相殺することもできる。造船関係者や航空機製造者だけでなく、必要最小限のソフトウェア開発者、サイバー戦の専門家、およびその他の直接的には海には関係していない領域も海洋戦略には極めて重要である。これにはマハンも同意するだろうと誰もが想像している。

その結果、総人口が相手より多いことを誇る国も、人口は少なくても交易関連の従事者が多い競争相手に、海で劣勢に立たされるかもしれない。そのような競争相手の名を挙げると、一八世紀のフランスは総人口では勝っていたのにも関わらず、英国相手の度重なる戦争で海洋における人的資源を使い果たした。イギリスは陸志向のフランスでは匹敵し得ない海洋の専門的技術家集団を特色にしていた。結局のところ、フランス人は大規模な常備陸軍を維持しなければならなかったのに、イギリス人は小規模の帝国軍（imperial force）でうまくやり遂げた。

また、機略縦横の指導者は国民が国内の専門的技術の源泉を開発するのを助けた。マハンは一七九三年の革命期の対フランス戦の勃発時に、エドワード・ペリュー（Sir Edward Pellew）艦長が、フリゲートの乗組員をどうやって徴募《ちようぼ》したのかについての物語を述べている。熟練の補充兵は払底《ふってい》していたので、ペリューは彼の乗組員として、コーンウォール地方の鉱夫を捜し求めた。彼は「その職業の状態や危険性から判断して……彼らはすみやかに海上生活の要求に適するようになるであろう」と推論した＊77。そして炭坑夫たちは順応したのだ。わずか数週間の訓練の後、彼の炭坑夫＝水兵は、経験を積んだ乗組員により操艦されていた一隻のフランス軍艦との決闘で大活躍した。実際、ペリューの乗組員たちはその戦争において英国海軍が捕らえた最初の敵フリゲートを拿捕したのだ。

同時に、人口統計は常に海で働く人々の味方というわけではない。マハンの時代のアメリカのような社会はとりわけ好戦的というわけではない。彼らは平時に大規模な常備軍を配備することに抵抗し、それゆえに戦争勃発時に戦場で迅速な勝利を挙げる見込みがほとんどなかった。

彼は平和愛好家の論争相手に、平時にも戦闘が勃発したときに戦線を維持するための十分な現存軍事力を維持するよう勧告している。合理的な期間内に使用可能な海軍力に転換するための十分な潜在力、すなわち海軍、商船隊および造船産業のための予備の人的資源をアメリカは持っているので、敗北を遅らせることは対等に競い、最終的には勝利するための戦力を作り上げる時間を稼ぐことになる。

一九四一年一二月七日〔日本時間では一二月八日〕に日本海軍航空隊による真珠湾空襲の後に米国が直面したのはそのような苦境であった。議会は両洋艦隊の建造を一九四〇年に認可していたが、造船所が戦闘艦艇と商船を大量に建造するのに一九四三年までかかった。その後、新たな部隊は訓練しなければならず、その後でようやく太平洋と大西洋の戦闘海域へと進んでいった。その間に受動的に閉じこもるのではではなく、米太平洋艦隊の指揮官たちは真珠湾の生き残りの艦隊を率いて、今度は彼らの空母によるヒットエンドラン急襲を開始した。彼らはまた、潜水艦を西太平洋に送り出し、戦域に新たな艦隊が到着するまで戦略的攻勢の背後に刃を突き刺すために、日本の海軍と商船隊にダメージを与え始めた。

日本の約一〇倍の経済、そして遙かに巨大な軍事的潜在力を持つ米国は、潜在力を物理的な軍事力に変換する時間を稼いだ。米海軍は痛ましい初期の敗北にもかかわらず時間を味方にした。アルフレッド・セイヤー・マハンの霊は天国から微笑むだろう。

要するにシーパワーに適した社会は、開発すべき物理的および人的資本の大規模な備蓄をもっている。マハンは戦時に海軍のために船乗りの一団を訓練するために米国に大規模な商船隊

――すなわち「合衆国自身の国旗の下で行われる大貿易」――を維持することを強く求めた＊78。これは彼が嘆いた人口統計的な欠点を相殺しながら、文化を維持する行為および米国自身に弾力性を持たせる方法を象徴していた。

国民性

マハンの考えたシーパワーの理想像とは通商事業を中心としたものであり、その理想像に忠実に、マハンはシーパワーのなかで経済が演じる中心的役割を強調している。人は疑うが、賛美歌が船乗りを「大海で商売する者は」（旧約聖書　詩編第一〇七編二三）と歌ったのは偶然ではなかった。この本が繰り返し指摘しているように、経済的利益は海洋戦略の主たる目的であり同時にその原動力でもある。人々は富を求めて出帆し、彼らの労苦は富の追求を守るために外交機関と海軍に資金を提供するための富を生み出す。もし慎重に管理されれば、その上さらにその上と循環が巡る。

マハンは本国における製造業および海外での交易という傾向――例としては帆船時代のオランダと英国――と国内の天然資源が乏しいことは、人々を海へと駆り立てると明言している。実際、起業家気質が海で成功する国民の主な資格証明書であると彼は断言している。「交易品の生産を必然的に含む貿易の傾向は、シーパワーの発展にとって最も重要な国民的特徴である」＊79。

それゆえ、シーパワーに適合した国民は主として通商を中核とした海洋志向の文化を持っている。軍事的な優越は望ましいが、従属的な特質である。マハンにとって海洋戦略がそうであるように、政治的および戦略的文化において通商こそが支配的なのである。物質的利益への愛――彼が「貪欲」になぞらえた――は、同様に海洋文化の根元に横たわっている。「もしシーパワーが真に平和的で広範な通商に基づくものであるならば、商業的な仕事に向いた素質こそ、かつて海上で雄飛した国民の顕著な特徴であるに違いない。すべての人が富を求め、多かれ少なかれ金銭を愛する」のである*80。

創意が通商の一部であることも彼は付け加えている。すなわち、社会が「どのように」通商を行うかが重要なのだ。他よりもうまく行かないこともある。たとえば、スペインとポルトガルの両帝国を捕らえていたのは「激しい貪欲」であった。しかし、彼らは東インドや西インド、ブラジル、メキシコといった新天地で「工業の新分野」や、「探検と冒険の健全な刺激」を追求することはなかった。代わりに、彼らは「金と銀」を渇望した*81。イベリア半島の両帝国は、本国で生産業や造船業を育成したり、これにより経済的発展のための独特の気質を創り出すかわりに、交易の輸送はますます他者に委ねる一方で彼らは天然資源を新大陸および東インド諸島から搾り取った。イギリスとオランダは自分たちを小売商人的国民にしたが、起業家精神を育て遙かに良く仕事を成し遂げた*82。

マハンの欧州の海洋文化の診断は、偏見もあるために部分的な論証にとどまっている。全ての海洋国家の中で「社会的心情すなわち国民的特徴の結果が通商に対する国民の態度に著しい影響を及ぼした」と彼は強く主張した*83。商業という職業を軽蔑した社会は、シーパワーに対する「国民的素質」をほとんど示さなかった＊84。富を尊ぶ者とそれを獲得することに大胆に挑戦する貿易商は、成功する傾向があった。スペイン、ポルトガルおよびフランスの貴族は、中世以降、交易を蔑んできた。このため上流の人々の態度は、〔商業のような〕「卑しい」努力を邪魔する社会的な阻害要因を生じさせた。イギリスとオランダの社会は、これとは反対に金持ちになるために危険を背負い込む向こう見ずな者に社会的誘因《インセンティブ》を与えて、交易を褒め称えた＊85。要するに、起業心に報いる文化はもっと多くを得るのである。これを軽んじる文化は得るもの少なく、経済の領域において自滅的な振る舞いの結果に傷ついたのだ。

交易を促進するために海外に植民地を建設することは、マハンにとって国家の非凡な能力の別の局面である。そのような前哨基地は、彼らの母国に「本国の産物のはけ口、または通商および海運の温床」を供給する＊86。もし、海外の市場への通商上、外交上および軍事上のアクセスが海洋戦略の成功の頂点を象徴するなら、本国から支配される植民地を設立することはこれを保証する最も確実な方法のように思える。領土を支配しそれを統治することは、現地の支配者とアクセスを交渉し、それによって受け入れ国の政策の気まぐれに自国の通商および軍事上の盛衰を委ねることよりもっと直接的である。

そうは言っても、マハンは植民地支配の応援団長《チアリーダー》ではないことに注目することは重要である。確かに、彼は「植民地」をシーパワーの柱の一つに指定している。しかし、彼が「帝国主義者である。なぜなら彼は孤立主義者でないからだ」ということを認めている一方で、彼の生前に欧州の諸帝国や日本が行ったような大規模な領土征服を彼は命じてはいない＊87。彼はこの点で言葉を濁しており、英国の手本に熱のない賞賛を示す一方で、帝国主義者たちの植民地設立に対する「完全に自己中心的な」動機への屈服を厳しく非難している。いかなる植民地も「乳を絞りとる雌牛」になってしまい、「面倒は見るが……それは主としてその生み出す利益だけの価値を有する一個の財産としてであった」と彼は述べている＊88。世界の外縁部の住民の福祉など、帝国の中枢にいる政治指導者にとっては結局どうでもよいことになるのだ。

マハンは欧州や日本がたどっていた帝国への道筋に米国も追随するように強く勧めたわけでもなかった。彼は「母国に所属する植民地は国家のシーパワーを海外において支援する確実な手段を提供する」ことに同意する一方で、彼は同時に「合衆国はそのような植民地を持っていないし持ちそうにもない」と主張している。そのような自制は戦略的欠点を持つ。すなわち「海外に植民地も軍事基地も持っていないので、合衆国の艦艇は戦時には陸上の鳥のように自国の海岸から遠くへ飛んでいくことはできないであろう」。したがって、海洋志向の米国政府の「第一の義務」の一つは「石炭を補給し修理することができる休養地」を探し出すことである＊89。

幸いにもマハンは、シーパワーを支援するために成熟した植民地帝国となる見込みがアメリカにはほとんどないこと――そして明白な必要性もほとんどないこと――を予見した。たとえば初期の頃から、彼はアメリカが欧州型の帝国主義に面白半分に手を出した米西戦争の結果であるフィリピン諸島の併合について良心の呵責《かしやく》を口にしていた＊90。もし彼が帝国主義者だったとしても、彼は他とは違う帝国主義者だった。米海軍と商船隊は海外への海港へのアクセスを切望していた――これは海軍の「サプライチェーン」の末端であった――しかし、外交官や海軍士官がこれを入手するためにどうすれば良いのかについて彼は不可知論者に見えた。

今日ではアメリカ社会の海への無関心を嘆くのは当たり前になっており、一般市民は「海について無知」だと思われている*91。海洋通商の働きは、普通の人の日常生活からはほとんど目に付かないし、非国家および国家からくる悪党どもが海上交通路に及ぼす危険についても同様である。海についての無知は純粋にアメリカだけの欠点ではない。マハンは圧倒的なイギリスのシーパワーでさえ、ナポレオンにとってすら目に見えぬ存在であり、「遠く離れ［フランスの］大陸軍《グランド・アルメ》が目にしたこともない、嵐でボロボロになった艦艇が大陸軍と世界の支配の間に立ちふさがっていた」と主張している*92。

米海軍は、艦隊が日常の光景の一部を構成しているノーフォークやサンディエゴといった数少ない沿岸中枢以外では、一般大衆の意識の中で目立った地位を占めてはいない。もし本当に海についての無知が大衆とそこから選ばれた指導者を苦しめるのであれば、国民の性格を刷新することが緊急の事業である。

政府の性格と政策

マハン提督は政府がシーパワーの成長と健全性を発展させるために策定すべき政策の種類についてある種のマニュアルを編集している*93。彼は自分の手引書を平時と戦時の段階に分割している。平時に政府は「国民の産業の自然的な発展および海により冒険と利益を求めようとする国民の傾向を助長することができる」し、あるいは政府は海事産業と文化がまだ育っていない場所にこれらを生み出すことを試みることができる。何にも増して、当局者は自らの尽力が通商および海軍の構成要素を含めた「その国のシーパワーを興しまたはそこなう」能力があるということを認識しなければならない＊94。

戦時の政府は、防護することになっている商船隊の大きさおよび支えるべき責任を負う国益に規模と能力が比例した「海軍を維持」することで、シーパワーを形作ることができる。「海軍の規模より重要なことは」物事の過程でそうなるのだが、まず軍が敵の打撃を吸収した後に戦闘力を再建するのに寄与する「適当な予備員と予備艦船」を蓄積するのを促進しながら、軍における「健全な精神や活動を」好む行政組織である。戦時において同様に重要なことは、海軍が商船を守るために赴かねばならない戦域において、海軍基地を維持することである。海軍はそれ自身でその基地を防衛することもできるし、むしろ「周辺の友好的な住民」がいる国の中に足掛かりを作り、基地を防衛する重荷から自らを解放することもできる＊95。

当局者が直面する固有の任務は余りに多い。マハンは権力の座にある政体の性質がいかにこれらの任務に影響するかについて熟考している。政府が制定する法と政策並びにそれによって政府がその意志を働かせる制度を意味する「政府の行為」は「そのような聡明な意志力の行使に相当し、その意志力が賢明で、活動的で、根気強いかまたはその反対であるかによって」通商、艦船および基地の発展を促進しあるいは妨げとなる＊96。一貫性が彼の最大の関心事である。どのようなタイプの政体が海洋問題に向けて賢明で一貫した政策を立案し、追求する可能性が高いだろうかと彼は思いを巡らしている。

この歴史家〔マハン〕は、彼が二〇世紀に具体化するのを目の当たりにするのを望んだ海洋気質を持ったアメリカのために、教訓を導くべくいくつかの比較政治の試みをしている。彼はより自由主義的な政体と比較したときに、権威主義的な政体がシーパワーの建造と管理でどのように振る舞うかを見るために、再び一六世紀および一七世紀の欧州の歴史を調査している。「自由な政府はときには物足りないこともあった。一方正しい判断と一貫した政策で支配される専制的権力は、ときには自由な国民がよりゆっくりした過程を経て到達しうるよりもより直接的に大きな海上貿易と輝かしい海軍を作り上げた。ただし後者の場合は、特定の専制君主の死後その偉業を堅持することが困難である*97」。

このように、彼は専制政治について最初に考察している。前述のとおり、一七世紀のフランス海軍はリシュリュー枢機卿の遺産であり、コルベール海軍大臣の下で結実した。マハンによれば、太陽王の統治は「巧妙かつ体系的にその権力をふるう絶対専制政治のみが遂行しうる非常に驚くべき事業」の証人となった*98。

コルベールは「体系的かつ中央集権的なフランス流」で自らの目標を追求したとマハンは書いている。彼による海軍の管理は、「国家の進路を指導するためのあらゆる手綱をその手中に収め、純粋で絶対的かつ何ものにも拘束されない権力」の見本であった。〔コルベール〕大臣の「賢明で先見性のある施政」はシーパワーを構築する連鎖のそれぞれの環の鍛造に彼がエネルギーを傾注するのを助けた。彼の在任期間中、彼はフランス海軍を構成する武装船舶の数を三〇隻から一九六隻に増やしただけでなく海軍の造船所を「能率はイギリスよりもはるかに良く」改革した*99。このような偉業から彼はマハンに慕われたのだ。

　それにもかかわらず、フランス王国は専制支配の利点だけでなくその欠点の例示ともなっている。目的意識、迅速性、直裁さは海に向かう意図を持つ専制体制の美徳である。マハンはシーパワーを積み上げていくことは、「より複雑な政府内で互いに競合する関係者によってゆっくりと処理されるときよりも、一種の論理的な手順によって計画し実施する」一人の政治家で練り上げられた方が「より簡単でかつ容易」であると強調した*100。

　そうは言っても、専制政治による統治の気まぐれは執拗で時代を超越している。評判や立法府の意見により拘束されない独裁主義者の思考は、陸への衝動に突き動かされるかもしれない。そして実際に、コルベールにより迅速に駆り立てられた改革精神が普及したのも、彼が国王の寵愛を失うまでだった。彼の事業はオランダ相手の陸上戦争の大騒動の中で「政府の支持がなくなるとヨナ（**Jonah**）のとうごま（ひょうたん）のようにしぼんでしまった」*101。あるいは、専制君主が志操堅固であったとしても、君主の後継者は海洋に向けた大義への意気込みを共有しないかもしれない。あらゆるものが一人の専制君主の望み、あるいはむら気次第であるとき、気まぐれな海軍政策が待ち伏せている。

　オランダは帆船時代に共和制と専制双方の支配を受けた。このいずれもオランダのシーパワーに良い結果をもたらさなかった。マハンはオランダ連邦共和国を通商上の利益が「政府に浸透」しており、このため「戦争には反対で、戦争準備に必要な経費を支出することを惜しんだ」ことになった「商業貴族制」と表現している。彼は共和国を吝嗇《りんしょく》であると激しく非難する。「危機に直面するまで」オランダの当局者は「防衛に金を出そうとしなかった」*102。海軍の支出は営利活動よりも下に見られていたのだ。

共和国はその後、オランニェ家の元で事実上の君主制支配にとって代わられて衰亡した。専制政府の下で、太陽王のフランス相手の戦役に国家資源を吸い取った陸軍と比較して、海軍は無視されたことにより傷ついた。マハンの判定によれば、オランダのシーパワーの衰退は「領土が狭く人口が少なかった」こと、「（フランスとオランダ）両国の誤った政策」および外部の敵であるルイ一四世の休むことのない敵意に由来する*103。

崇拝とまでは行かないものの、マハンはイギリスをシーパワーの代表的存在として例示している。海洋の大義に関して、イギリスの文化と政策は互いを強めあった。もし優勢な国民文化が海上における偉業を志向しているならば、賢明な支配者たちはそれと歩調を合わせて統治していた。すなわち「政府がその国民の自然の傾向と十分に調和がとれておれば、政府はおそらくあらゆる点において最も成功的にその成長を推進するものと思われる。シーパワーの問題においても、国民の精神が十分に吹き込まれ国民の真の一般的性向を意識している政府が聡明な指導を行った場合に、最も輝かしい成功を収めている。このような政府は、国民の意思または国民の最善の代表者の意志が政府の構成に大いに参与しているとき最も確実に安泰である」と彼は述べている*104。通商および海上戦に対する政府の政策は、海運事業に対して大衆を結集させるので、より幅広い社会に衝撃的な効果を発揮する。それは着実で首尾一貫した政策と戦略を生み出す。数世紀にもわたってイギリスは一貫していた。マハンは平戦時を問わず競争相手をだしにして「イギリスの眼は着実にそのシーパワーの維持に注がれていた」と公言し、あらゆる点を考慮した上でイギリスの政治家の能力を賞賛した＊105。一例のみ挙げると、英国政府は自国による海上交易の独占を妨害する態勢にあった創設期のデンマークの東インド会社を打ち砕くために外交を展開した。

第一次世界大戦で打ち負かされたドイツ帝国海軍の大洋艦隊で勤務したウォルフガング・ウェゲナー（**Wolfgang Wegener**）海軍中将は同様に、英国政府および英国の人々の船乗り気質について証言している。大戦前の英独建艦競争は英国人から底知れぬ反応を引き出し、ウェゲナーはこれを次のように表現した。英国人は「数世紀に及ぶ（海軍の）伝統のせいで、血管の中に海水が流れている。我々が陸上戦の伝統を吸収してきたように、（海の戦略は）彼らの感覚の中に本能的に深く染み込んでいる」＊106。これとは対照的にドイツ海軍は、その印象的な艦隊と戦術面での熟達にもかかわらず「敗戦が示したように」「知的見地から言えば沿岸海軍にとどまっていた」＊107。文化が問題なのであり、そして政策は文化を強化することができ、文化により強化されうるのだ。

日和見主義もまた、英国の長所に数えることができた。また、英国の海上における勃興の間、競争相手について英国の国王は幸運であった。欧州諸国政府は「イギリスの海上発展の結果懸念される危険に対しては盲目であったように見えた」とマハンは述べている。おそらく、艦隊は――勝ち誇る陸軍と異なり――その仕事のほとんどを視界外でおこなうので、欧州大陸諸国は、フランスやスペインのパワーがかってそうであったほど残酷ではないにしても、「自己中的」かつ「侵略的」に用いられることを運命づけられていた「圧倒的な力」が勃興するのをほとんど抑圧しなかった*108。

概してその後、英国の指導者はマハンの平時および戦時の基準に照らしてても、施政について良い働きをした。ただし大西洋をまたいでイギリスをアメリカ植民地における陸上戦争に導き、それにより植民地に敵を作るのと同時に欧州での危機を高めた一連の失敗について彼は英国政府を非難している。伝統的な海軍の政策は、議会と国王が英海軍の艦隊構想を監督するのに気を配る。英国政府は一般的に、英国海軍の次に大きな二つの競争相手――これは大抵の場合フランスとスペインである――が合同したのと同じ隻数と能力を維持するよう努めた。

この二つの敵対者はいずれもブルボン王朝により支配されており、それ故に戦争では合同する傾向があった。これは英国政府に海軍の妥当性について便利な評価尺度を与えた。艦隊規模を二国標準から下回るに任せたことは、フランス、スペインおよびオランダの海軍がヴァージニア岬からインド洋に至る戦場で英国海軍と争ったアメリカ独立戦争で、英国海軍に不意打ちを食わせることになった。マハンは、アメリカでの大失敗は伝統的な英国の政策に忠実であった結果ではなく、それをなおざりにしていたからだと結論づけた。この例外がルールを証明したのだ*109。

同様に、ウェゲナー提督が述べているように、何世代もの英国の指導者たちは帝国を拡大しその戦略的地位を改善するような領土獲得を求めて目を配ることを続けてきた。汚職もほとんどない効率的な海軍の管理は、英国の指導者たちが最小限の浪費で天然資源を艦隊と支援施設に変換することを許した。そして文筆家たちが長いこと英国の社会をその階級意識故に非難してきたのに対し、マハンは英国海軍がその階級を通じて昇任に成果主義を信奉していたと指摘する。全ての世代の提督たちがその中に何人かの最下層出身の者たちを含んでいた＊110。大陸にいる英国の敵対者と比較しても、英国政府と英海軍は物理的な資源だけでなく人的資源も手際よく利用していたのだ。

マハンは帆船時代における英国の成果についての記述を、民衆による統治の危険に関する教訓話で締めくくっている。彼は二〇世紀の夜明けとともにオランダ連邦共和国の様に英国が没落するのではと恐れた。「一八一五年以降、特に今日においては、イギリスの政府は一層多く一般国民の手に移っていった。それによってシーパワーが煩わされるかどうかは今後の問題である」と彼は慨嘆した。イギリスのシーパワーの基本的指標《ファンダメンタルズ》が堅調に見えたのに対し「民主的な政府が先見の明を有するかどうか、国家の地位や威信に対する鋭い感受性を有するかどうか、平時においても進んで十分な金を注いで国家の繁栄を確保しようとするかどうか、これらは全て軍備に必要なものである」が、これについては先行き不透明だった＊111。

イギリスのシーパワーについての判断を公言する一方で、彼は英国を代理人として自らの母国に次のような最後の批判を向けていた。「大衆向きの政府は、いかに軍事支出が必要であっても、それには好意的でなく、現にイギリスが後退の方に向かう兆しがある＊112」。彼はアメリカが不確かな未来の兆候に留意するとともに、英国の偉大なる過去を模倣すべきだと信じていた。

　これらが当時のシーパワーの要素である。マハンの決定要素の最初の三つは国家の固有の物理的属性に向けられており、最後の三つはその国の人間的特徴に向けられている。前者は多かれ少なかれ不変であり、一方で後者は人間の行動により容易に動かされる。現代のアメリカが海洋事業に向けた国民の気風を保つことができるかどうかは問うに値する問題である。海外交易は大変な活況を示しているが、米国の商船隊は衰退の一途を辿っている。米国製製品の大部分は海外の市場まで外国船籍の船で輸送されており、米国の海港に到着する輸入品も同様である。そしてまた、どう見ても米海軍は平時および戦時に付与される全ての任務を遂行するのに十分な規模と能力を維持するための十分な支持を議会で集めてはいない。

　マハンのシーパワーの連鎖の中央の環――艦船――はそういうわけで疲労の色を見せている。もしアメリカのシーパワーが今や不十分であるならば、対外政策と戦略における正しい位置にシーパワーを復活させる文化的ルネッサンスに着手することが指導者と一般アメリカ市民の責務である。

註

＊1　おそらくマハンの伝記で最も優れているのは、ロバート・シーガーによるものである。彼は、マハ

ンの手紙等についても併せて編集している。以下を参照のこと。Robert Seager II, *Alfred Thayer Mahan: The Man and His Letters* (Annapolis, Md.: Naval Institute Press, 1977).

＊2　アメリカ社会に海洋志向の精神を呼び起こそうとしたマハンを論ずる際には、このような宗教的イメージで論ずるのが一般的となっている。彼は伝道者、ときにはコペルニクスとさえ呼ばれることもあった。Margaret Sprout, "Mahan: Evangelist of Sea Power," in *Makers of Modern Strategy*, ed. Edward Mead Earle (Princeton, N.J.: Princeton University Press, 1986), 415-445.［マーガレット・スプラウト著「第十七章：シーパワーの伝道者、マハン」エドワード・ミード＝アール編、山田積昭ほか訳『新戦略の創始者：マキアヴェリからヒトラーまで』下巻、原書房、二〇一一年、一七〇～二一四頁］

＊3　Alfred Thayer Mahan, *The Influence of Sea Power upon History, 1660-1783* (1890; repr., New York: Dover, 1987), 138.［アルフレッド・T・マハン著、北村謙一訳『マハン海上権力史論』原書房、二〇〇八年］（訳注：北村訳は抄訳のため、本書で引用されていても訳されていない場合がある）

＊4　Alfred Thayer Mahan, *The Problem of Asia* (Boston: Little, Brown, 1900), 29-30, 33.

＊5　Alfred Thayer Mahan, *Retrospect & Prospect: Studies in International Relations, Naval and Political* (Boston: Little, Brown, 1902), 246.

＊6　Mahan, 246.

＊7　Mahan, 246.

＊8　Robert B. Strassler, ed., *The Landmark Thucydides*, intro. Victor Davis Hanson (New York: Touchstone, 1996), 46.［トゥーキュディデース著、久保正彰訳『戦史』上巻、岩波文庫、一九六六年、一三二頁］

＊9 Strassler, 81-82. ［トゥーキュディデース著『戦史』上巻、一八七頁］

＊10 Mahan, *Influence of Sea Power upon History*, 25, 138. ［マハン著『海上権力史論』四一頁］

＊11 "A Tour of New England's Uncommon Town Commons," New England Historical Society, accessed July 10, 2018, http://www.newenglandhistoricalsociety.com/tour-new-englands-uncommon-town-commons/.

＊12 Max Weber, *Politics as a Vocation* (New York: Oxford University Press, 1946), 3. ［マックス・ウェーバー著、中山元訳『職業としての政治、職業としての学問』日経ＢＰ社、二〇〇九年、一〇～一一頁］

＊13 Hugo Grotius, *The Freedom of the Seas*, trans. Ralph Van Deman Magoffin, intro. James Brown Scott (New York: Oxford University Press, 1916).

＊14 John Selden, *On the Dominion, Or, Ownership of the Sea, Two Books* (London: Council of State, 1652), https://archive.org/details/ofdominionorowne00seld. 引用語句はこの本の表紙に記されているものであり、現代の読者のために若干修正されている。

＊15 "President Woodrow Wilson's Fourteen Points," January 8, 1918, Yale Law School Avalon Project Web site, http://avalon.law.yale .edu/20th_Century/wilson14.asp. この問題の詳細については以下を参照のこと。 James Kraska and Raul Pedrozo, *The Free Sea: The American Fight for Freedom of Navigation* (Annapolis, Md.: Naval Institute Press, 2018).

＊16 Tommy T. B. Koh, "A Constitution for the Oceans," UN Web site, https:// www.un.org/Depts/los/convention_agreements/texts/koh_english.pdf. 全ての海洋戦略家にとって必読となっている海洋法の完全なテキストは以下の国連ウェッブサイトで閲覧できる。

https://www.un.org/Depts/los/convention_agreements/texts/unclos/closindx.htm. 海洋法条約に関する本文中の議論はこのテキストを基にしている。

＊17 UN Convention on the Law of the Sea, UN Web site, https://www.un.org/Depts/los/convention_agreements/texts/unclos/closindx.htm.

＊18 International Maritime Organization, "Convention for the Suppression of Unlawful Acts Against the Safety of Maritime Navigation, Protocol for the Suppression of Unlawful Acts Against the Safety of Fixed Platforms Located on the Continental Shelf," IMO Web site, accessed July 10, 2018, http://www.imo.org/en/About/Conventions/ListOfConventions/Pages/SUA-Treaties.aspx.

＊19 U.S. State Department, "Maritime Security and Navigation," U.S. State Department Website, https://www.state.gov/e/oes/ocns/opa/maritimesecurity/.

＊20 二〇〇九年五月七日、中華人民共和国は、国連の大陸棚限界委員会に "CML/17/2009" と呼ばれる文書を提出した。国連ウェッブサイト：http://www.un.org/depts/los/clcs_new/submissions_files/mysvnm33_09/chn_2009re_mys_vnm_e.pdf; 以下も参照。John Pomfret, "Beijing Claims 'Indisputable Sovereignty' over South China Sea," *Washington Post*, July 31, 2010, http://www.washingtonpost.com/wp-dyn/content/article/2010/07/30/AR2010073005664.html?noredirect=on. 同様に次も参照。"China Deploys Missiles in South China Sea, Says It Has 'Indisputable Sovereignty,'" *Times of India*, May 3, 2018, http://timesofindia.indiatimes.com/articleshow/64016130.cms?utm_source=contentofinterest&utm_medium=text&utm_campaign=cppst. 船乗りが自分たちの活動を記述するときに使う用語は重要なのである。中国の当局者は、「航行の自由」に干渉するつもりはないと海洋国家の政府に急いで保証したが、中国政府は「航行の自由」を域内の水域を通過する自由――そして通過中

はそれ以外のことは何もしないことと解釈している。言い換えれば、〔航行の自由ではなく〕無害通航の規則を順守することを主張しているのだ。船乗りは、自国の政府が海洋の自由の原則に従い、国連海洋法条約の下で認められているすべての権利を主張することを強調すべきである。

＊21 Dexter Perkins, *A History of the Monroe Doctrine* (Boston: Little, Brown, 1963).

＊22 第一一条がモンロー・ドクトリンを支持した。"Treaty of Peace with Germany (Treaty of Versailles)," 1919, Library of Congress Web site, https://www.loc.gov/law/help/us-treaties/bevans/m-ust000002-0043.pdf.

＊23 Geoffrey Till, *Seapower*, 3rd ed. (London: Routledge, 2013), 5-22.

＊24 Till, 14-17.

＊25 Edward N. Luttwak, *The Political Uses of Sea Power* (Baltimore: Johns Hopkins University Press, 1974), 6, 11, 14-15.

＊26 Koh, "A Constitution for the Oceans."

＊27 UN Convention on the Law of the Sea, parts V and XI, UN Web site, http:// www.un.org/Depts/los/convention_agreements/texts/unclos/closindx.htm.

＊28 例えば以下を参照のこと。Peter J. Dutton, "Carving Up the East China Sea," *Naval War College Review* 60, no. 2 (Spring 2007): 45-68.

＊29 Till, *Seapower*, 282-317.

＊30 Robert D. Kaplan, *Monsoon: The Indian Ocean and the Future of American Power* (New York: Random House, 2011).〔ロバート・D・カプラン著、奥山真司訳『インド洋圏が、世界を動かす：モンスーンが結ぶ躍進国家群はどこへ向かうのか』インターシフト、二〇一二年〕

*31 この名称は一九世紀にさかのぼるが、中国とインドの海洋大国としての台頭に伴い、新たに脚光を浴びている。Rory Medcalf, "The Indo- Pacific: What's in a Name?" *American Interest* 9, no. 2 (October 10, 2013), https://www.the-american-interest.com/2013/10/10/the-indo-pacific-whats-in-a-name/.

*32 Alfred Thayer Mahan, *The Gulf and Inland Waters* (New York: Scribner, 1883).

*33 Kemp Tolley, *Yangtze Patrol: The U.S. Navy in China* (Annapolis, Md.: Naval Institute Press, 1971).〔ケンプ・トリー著、長野洋子訳『長江パトロール：中国におけるアメリカ海軍』出版共同社、一九八八年〕

*34 Mahan, *Influence of Sea Power upon History*, 44.〔マハン著『海上権力史論』六六頁〕

*35 Mahan, 44.〔マハン著『海上権力史論』六六頁〕

*36 James Stavridis, *Sea Power: The History and Geopolitics of the World's Oceans* (New York: Penguin, 2017), 4.〔ジェイムズ・スタヴリディス著、北川知子訳『海の地政学』早川書房、二〇一七年、一九〜二〇頁〕

*37 James R. Holmes, "I Served Aboard One of the Last U.S. Navy Battleships. And It Changed My Life," *National Interest*, June 22, 2018, https://nationalinterest.org/blog/the-buzz/i-served-aboard-one-the-last-us-navy-battleships-it-changed-26392.

*38 Stavridis, *Sea Power*, 4.〔スタヴリディス著『海の地政学』二〇頁〕

*39 Alfred Thayer Mahan, *The Interest of America in Sea Power, Present and Future* (Boston: Little, Brown, 1897), 41-42.〔アルフレッド・T・マハン著、麻田貞雄編訳『マハン海上権力論集』講談社学術文庫、二〇一〇年、一二六〜一二七頁〕

＊40 "Navigational Mathematics," American Mathematical Society Web site, accessed June 28, 2018, http://www.ams.org/publicoutreach/feature-column/fcarc-navigation3. さらに詳しく知るためには以下を参照。Thomas J. Cutler, *Dutton's Nautical Navigation*, 15th ed. (Annapolis, Md.: Naval Institute Press, 2003).

＊41 Julian S. Corbett, *Some Principles of Maritime Strategy* (1911; repr., Annapolis, Md.: Naval Institute Press, 1988), 262-279.〔ジュリアン・スタフォード・コーベット著、矢吹啓訳『海洋戦略の諸原則』原書房、二〇一六年、三八三〜四〇九頁〕

＊42 Alfred Thayer Mahan, *The Influence of Sea Power upon the French Revolution and Empire* (Boston: Little, Brown, 1892), 1:123.

＊43 Corbett, *Some Principles of Maritime Strategy*, 106, 261-265, 276.〔コーベット著『コーベット海洋戦略の諸原則』一八〇、三八三〜三八八、四〇四頁〕

＊44 Krishnadev Calamur, "High Traffic, High Risk in the Strait of Malacca," *Atlantic*, August 21, 2017, https://www.theatlantic.com/international/archive/2017/08/strait-of-malacca-uss-john-mccain/537471/.

＊45 Mahan, *Interest of America in Sea Power*, 41-42.

＊46 "The Lighthouse Joke," U.S. Navy Web site, September 2, 2009, http://www.navy.mil/navydata/nav_legacy.asp?id=174.

＊47 Alfred Thayer Mahan, *Naval Strategy Compared and Contrasted with the Principles and Practice of Military Operations on Land* (Boston: Little, Brown, 1911), 309-310.〔アルフレッド・T・マハン著、井伊順彦訳『マハン海軍戦略』中央公論新社、二〇〇五年、二八二頁〕

＊48 Mahan, 309-310. 〔マハン著『マハン海軍戦略』二八二頁〕

＊49 Mahan, 309-310. 〔マハン著『マハン海軍戦略』二八二頁〕

＊50 例えば、以下を参照。Craig L. Symonds, *World War II at Sea* (Oxford: Oxford University Press, 2018), 403-468.

＊51 Mahan, *Naval Strategy*, 309-310. 〔マハン著『マハン海軍戦略』二八二頁〕

＊52 Plato, "Apology," trans. Benjamin Jowett, Gutenberg Project, https://ia800401.us.archive.org/0/items/Apology-Socrates/Apology.pdf. 〔プラトン著、久保勉訳『ソクラテスの弁明』岩波文庫、一九六四年〕

＊53 J. C. Wylie, *Military Strategy: A General Theory of Power Control* (1967; repr., Annapolis, Md.: Naval Institute Press, 1989), 32. 〔J・C・ワイリー著、奥山真司訳『戦略論の原点』芙蓉書房出版、二〇一〇年、三四～三五頁〕

＊54 Alfred Thayer Mahan, "The Persian Gulf and International Relations," in Mahan, *Retrospect & Prospect*, 237.

＊55 Mahan, *Influence of Sea Power upon History*, 70-71. 〔マハン著『海洋権力史論』九八～一〇一頁〕

＊56 Mahan, *Problem of Asia*, 26, 124.

＊57 中でも英国の著名な歴史家であるジョン・キーガンが、マハンの著作の及ぼした影響について証言している。John Keegan, *The American Civil War* (New York: Knopf, 2009), 272. マハンの六つの要素についての議論は、Mahan, *Influence of Sea Power upon History*, 25-89. 〔マハン著『海上権力史論』四七～一一五頁〕の中で行われている。

＊58 Mahan, *Influence of Sea Power upon History*, 23. ［マハン著『海上権力史論』三六頁］

＊59 Mahan, 22-23, 29. ［マハン著『海上権力史論』四七頁］

＊60 George W. Baer, *One Hundred Years of Sea Power: The U.S. Navy, 1890-1990* (Stanford, Calif.: Stanford University Press, 1994), 135, 152.

＊61 "Oregon II (Battleship No. 3)," Naval History and Heritage Command Web site, November 9, 2016, https://www.history.navy.mil/research/histories/ship-histories/danfs/o/oregon-ii.html.

＊62 これは二〇一五年に発売された小説『ゴースト・フリート』(邦訳『中国軍を駆逐せよ』)の前提の一部であり、中国がハワイのオアフ島に全面攻撃をしかけるのと同時に、貨物船を使ってパナマ運河を損傷させることで大西洋から太平洋艦隊へ増援が駆けつけるのを阻止している。これらは空想的なシナリオというわけではない。海軍の空母機動部隊はパナマ運河への襲撃への対応を一九二〇年代から繰り返し行っている。P. W. Singer and August Cole, *Ghost Fleet* (Boston: Houghton Mifflin Harcourt, 2015), 55-57, 135. ［P・W・シンガー他著、伏見威蕃訳『中国軍を駆逐せよ』(上巻) 二見書房、二〇一六年、一〇二〜一〇四、二四一〜二四二頁。以下も参照。"USS *Saratoga* (CV 3)," U.S. Navy Web site, June 11, 2009, http://www.navy.mil/navydata/nav_legacy.asp?id=12.

＊63 海軍分析センターの研究チームが、米海軍はグローバルな軍隊から転落する「転換点」の瀬戸際にいると断定した。艦艇も航空機も武器も、託された任務を遂行するには数が少なすぎるというのだ。Daniel Whiteneck, Michael Price, Neil Jenkins, and Peter Swartz, *The Navy at a Tipping Point: Maritime Dominance at Stake?* (Washington, D.C.: Center for Naval Analyses, March 2010).

＊64 Mahan, *Influence of Sea Power upon History*, 31-32. ［マハン著『海上権力史論』五〇頁］

＊65 中国の経済的地理及び戦略的地理について包括的に見たいなら以下を参照のこと。Toshi Yoshihara

and James R. Holmes, *Red Star over the Pacific*, 2nd ed. (Annapolis, Md.: Naval Institute Press, 2018), 特に第2章及び第3章。

＊66 Mahan, *Influence of Sea Power upon History*, 33. 〔マハン著『海上権力史論』五二～五三頁〕

＊67 Mahan, 35. 〔マハン著『海上権力史論』五四～五五頁〕

＊68 Mahan, 35. 〔マハン著『海上権力史論』五五頁〕

＊69 Mahan, 35-36. 〔マハン著『海上権力史論』五五～五六頁〕

＊70 Mahan, 39-40. 〔マハン著『海上権力史論』六〇頁〕

＊71 マハンの時代からはるか後に作られたフレーズである「戦略文化」についての詳細は以下を参照。Colin S. Gray, *Out of the Wilderness: Prime Time for Strategic Culture*, October 31, 2006, Federation of American Scientists Web site, https://fas.org/irp/agency/dod/dtra/stratcult-out.pdf. 学者であるチャールズ・カプチャン（Charles Kupchan）は戦略文化を「国家の本質及び国家の自己イメージの領域」と定義した。それは「政治が主要都市の安全と帝国との関係をどのように理解し、国際社会におけるヒエラルキーの中での自らの地位をどのように心に描き、その国家の対外的な野心の性質と範囲をどのように読み取るかというイメージとシンボル」により構成されている。「これらのイメージとシンボルは同時に国民の姿勢を形作り、意思決定の構造やプロセスの中で制度化され、定常化されるようになる……戦略文化は外交政策の領域における政治的正統性の境界線を形作り、エリートが国益を考え、戦略的優先順位を定める方法に影響を及ぼす。ゆえに、それは大戦略の形成において重要な役割を果たす」Charles Kupchan, *The Vulnerability of Empire* (Ithaca, N.Y.: Cornell University Press, 1994), 5-6;（強調は著者）端的に言えば、世代から世代へと受け継がれた歴史と伝統は世界観や、人々の感じ方、特定の社会の戦略的エリート及び一般大衆の行動を形作るのである。

＊72 Mahan, *Influence of Sea Power upon History*, 37.〔マハン著『海上権力史論』五七頁〕
＊73 Mahan, 36-37.〔マハン著『海上権力史論』五六～五七頁〕
＊74 Jeremy Black, "A British View of the Naval War of 1812," *Naval History* 22, no. 4 (August 2008), https://www.usni.org/magazines/navalhistory/2008-08/british-view-naval-war-1812.
＊75 Mahan, *Influence of Sea Power upon History*, 43.〔マハン著『海上権力史論』六五頁〕
＊76 Mahan, 45.〔マハン著『海上権力史論』六七頁〕
＊77 Mahan, 46.〔マハン著『海上権力史論』六八頁〕
＊78 Mahan, 49.〔マハン著『海上権力史論』七一～七三頁〕
＊79 Mahan, 53.〔マハン著『海上権力史論』七七頁〕
＊80 Mahan, 50.〔マハン著『海上権力史論』七三頁〕
＊81 Mahan, 50.〔マハン著『海上権力史論』七四頁〕
＊82 Mahan, 50-52.〔マハン著『海上権力史論』七四～七八頁〕
＊83 Mahan, 55.〔マハン著『海上権力史論』八〇頁〕
＊84 Mahan, 55.〔マハン著『海上権力史論』八〇頁〕
＊85 Mahan, 53-55.〔マハン著『海上権力史論』七七～八〇頁〕
＊86 Mahan, 55-56.〔マハン著『海上権力史論』八〇頁〕
＊87 Walter A. McDougall, *Promised Land, Crusader State: The American Encounter with the World since 1776* (Boston: Houghton Mifflin, 1997), 8.
＊88 Mahan, *Influence of Sea Power upon History*, 55, 56.〔マハン著『海上権力史論』八一頁〕
＊89 Mahan, 83.〔マハン著『海上権力史論』一一七～一一八頁〕

＊90 Suzanne Geisler, *God and Sea Power: The Influence of Religion on Alfred Thayer Mahan* (Annapolis, Md.: Naval Institute Press, 2015), 134-135.
＊91 例えば以下を参照。Butch Bracknell and James Kraska, "Ending America's 'Sea Blindness,'" *Baltimore Sun*, December 6, 2010, http://articles.baltimoresun.com/2010-12-06/news/bs-ed-sea-treaty-20101206_1_negotiation-strategic-security-american-security.
＊92 Mahan, *Influence of Sea Power upon the French Revolution and Empire*, 1:118.
＊93 マハンは退役時には海軍大佐であったが、一九〇六年に〔南北戦争従軍者への特別昇任で〕退役名簿上で海軍少将に昇任した。〔提督は海軍の将官に対する敬称である〕
＊94 Mahan, *Influence of Sea Power upon History*, 82.〔マハン著『海上権力史論』一一六頁〕
＊95 Mahan, 82.〔マハン著『海上権力史論』一一六頁〕
＊96 Mahan, 58.〔マハン著『海上権力史論』八三頁〕
＊97 Mahan, 58-59.〔マハン著『海上権力史論』八四頁〕
＊98 Mahan, 70.〔マハン著『海上権力史論』九九頁〕
＊99 Mahan, 69-72.〔マハン著『海上権力史論』九八～一〇一頁〕
＊100 Mahan, 71.〔マハン著『海上権力史論』一〇一頁〕
＊101 Mahan, 71-73.〔マハン著『海上権力史論』一〇一～一〇三頁〕
＊102 Mahan, 68.〔マハン著『海上権力史論』九八頁〕
＊103 Mahan, 68-69.〔マハン著『海上権力史論』九八頁〕
＊104 Mahan, 58.〔マハン著『海上権力史論』八三～八四頁〕
＊105 Mahan, 62.〔マハン著『海上権力史論』八九頁〕

＊106 Wolfgang Wegener, *The Naval Strategy of the World War* (1929; repr., Annapolis, Md.: Naval Institute Press, 1989), 95.

＊107 Wegener, 96.

＊108 Mahan, *Influence of Sea Power upon History*, 63.〔マハン著『海上権力史論』九〇頁〕

＊109 Mahan, 505-542.〔マハン著『海上権力史論』二四五～二七五頁〕

＊110 Mahan, 67.〔マハン著『海上権力史論』九四～九五頁〕

＊111 Mahan, 67.〔マハン著『海上権力史論』九五頁〕

＊112 Mahan, 67.〔マハン著『海上権力史論』九五～九六頁〕

第2章 ❖ 好循環を維持する方法

人間の精神がしばしば良く似た道筋をたどることは不気味なほどである。第1章で示したように、アルフレッド・セイヤー・マハンは、リシュリュー枢機卿の現実政治《レアルポリティーク》派の国政術の後裔であるフランスの海軍大臣ジャン＝バティスト・コルベールを賞賛した。なぜなら、彼は「シーパワーの三つの連鎖」、すなわち生産、海軍と商船隊、並びに海外の植民地の市場、「一言で言えばシーパワー」を作り上げたからだ*1。『海上権力史論』の中で、マハンはコルベールの偉業からシーパワーの一般的定義、すなわち交易と通商に重点を置いた定義を導きだした*2。現代の実践家と学者たちも同じような言葉を使ってこれを理解している。

マハンの精神にもとづき、現代の米海軍の広報プログラム（アウトリーチ）は誰にも判る軍事面だけでなく、海運事業の物理的、人口統計的、経済的特徴も強調している。戦略的な英知は、周辺環境を調査するところから始まるのだ。周辺の状況を見積もることで、軍事的な敵対関係よりも海洋におけるさまざまな努力の方がもっと行われていることが明らかになる。二〇一二年に海軍最先任上級兵曹長のリック・ウェスト（Rick West）は次のように述べている。「海軍の未来を数字で考えるときには、七〇、八〇、九〇パーセントのルールを基準にしています。地球の表面の七〇パーセントは水で、八〇パーセントの人々は水辺に生活していて、全ての交易の九〇パーセントは海上輸送されているのです」。したがって、米海軍は「現場に前方展開され、交易を動かし続け、海上交通路《シーレーン》を開放しつづけ」なければならないのだ[*3]。

　そしてウェスト兵曹長の言葉を否定することはできない。地球は青い惑星で、住民の大半は海岸線沿いに集中しており、原材料と製品の大部分は海路で運ばれている。かさばる物品を輸送する上で船は依然として最も経済的な輸送手段であり、航空機、鉄道あるいはトラックが近い将来に商船の一団に取って代わる可能性はほとんどない。海上輸送活動における経済および通商の次元にウェスト兵曹長がスポットライトを当てたことは正しいのだ。マハンもこれには賛成するだろう。

　そして、マハンは海軍のメッセージに更に説明を加えるであろう。マハンは「生産」という言葉で市場に商品をもたらす農業と工業分野を表現した。生産は国家の内陸から沿岸の交易中枢へと至る商品の輸送をうながす国内交通――道路、鉄道、運河――の開発も意味している。マハンは「海運」で海を越えて商品を運ぶ船舶だけでなく、交易をうながす行政機能と国内法令――とりわけ関税――をも表した。「植民地と市場」により、彼は完成品が売却でき、本国の製造業に供給するための原材料が調達できる海外市場を表現した。もし、海運が国内経済と外部の市場を連接し、生産、海運および植民地が一本の連鎖の三つの環《リンク》を構成しているとすれば、その国家はその三つ全てを鍛造するまで海洋における未来への展望は開けないだろう。

マハンの生産、海運、植民地および市場の三つの環は二一世紀においても適用できる。遠く離れた地にいる支配者に統治される植民地は過去の帝国主義の遺物であるが、マハンは今日のグローバル市場の論理を直ちに理解するであろう。第二次世界大戦後の金融および貿易構造は市場の開放性の原則に支えられている。世界貿易機関（World Trade Organization: WTO）のような多国間制度は、米国が主導する国際経済秩序の利害関係者に対して市場への自由なアクセスを保証している。この開放性への関与は製品とサービスの流動性――すなわち現在のグローバル貿易を促進する流動性の極めて重要な構成要素である。

更に言えば、グローバル化にとって極めて重要なグローバルな「サプライチェーン」は、マハンの「平和的な通商および海運」に関するアイディアを反映したものだ＊4。世界中の企業が製品とサービスを生産し、商取引し、国際市場でこれを配送するために複雑な相互関係のネットワークを組み上げてきた。その上、マハンは現代の交易システムを作り上げている基本的なメカニズムに無知というわけではなかったのだ。

彼はこのシステムの地理的な次元に特に注意を払っただろう。第1章で示したように、シーパワーは公海への利便性、喫水の深い港の数と場所および海岸線の長さといった不変の「自然の条件」が基盤となっている＊5。サプライチェーンも同じくこれらの前提条件に依存している。そういうわけで変えることのできない地理的要素が、海に生きる国家が入手可能な戦略的選択肢を規定するのだ。地理は海洋国家の海洋戦略を促進し、拘束し、指向し、範囲を定めるかもしれない。最も慎重な政策あるいは戦略でさえ地理空間的な現実を軽んじることなどできはしない。

加えて、地理学に注目した経済学者たちが連鎖を「サプライチェーン」という言葉で言い表したときに、二一世紀に向けた急速な変化がおきた。一つ例を挙げると、ホフストラ大学のジーン＝ポール・ロドリク（**Jean-Paul Rodrigue**）教授は、三つの異なる経済活動の集まりがグローバルな交易を構成していることを明らかにした。ロドリクは海上のサプライチェーンに海軍を加えることにはほとんど言及していない。しかし、彼が「生産、流通および消費の地理学」と呼んだものは交易が駆動するマハン的なシーパワーを目指す者にそのまま投影することができる＊6。サプライチェーンは本国における工業生産、国内の出発点から空・海・陸の輸送網を通じての流通、および海外の市場を結びつけ、それによって消費者は需要と購入欲を満たすために商品を購入する。

マハン的なシーパワーは海軍という形の守護者を伴った海のグローバルサプライチェーンに過ぎない。グローバルサプライチェーンあるいは海軍のサプライチェーンのいかなる環が破断しても、システム全体がバラバラになってしまう。ロドリクはグローバルサプライチェーンについての彼の考えを地政学とは無関係にまとめたと認めている。しかし、彼の理論は通商が駆動するシーパワーというマハン的な概念を、グローバルな交易の現代的なシステムで言い換えたものだ＊7。マハンはたとえ彼の時代特有のプロセス――特に外国領土の征服――がもはや当てはまらないとしても、海上交易および通商の重要な論理を発見している。したがって、彼の著作は時代を超越し現在にも通じる魅力がある。

マハンおよびロドリクの生産、流通、消費および海軍による防護の論理に、この章は定義しにくいが極めて重要な、海に対する「戦略的意志」という要素を追加する。シーパワーを蓄積して維持するためには、意識的な政治的選択が必要とされる。これは海を志向した事業を維持するために社会が行い、何度も何度も再確認しなければない選択である。これには情熱が求められる。遠方の地域で流通と消費を可能にする――これは海洋戦略の目的である――ために通商的、外交的、軍事的アクセスを開放することは簡単ではない。燃えるような決意と気概がなければ、天然資源は採掘されず、商品は生産されず、大洋を越えて輸送されなければ貨物輸送は衰退し、なにも販売されない。そうなれば、繁栄は依然として手の届かないままである。

このシーパワーの無形の要素を見過ごす戦略家と政治家は、危険を覚悟しなければならない。シーパワーとは循環であるが、それは自動的に継続する循環ではない。これを動かし続けるには賢明な国政術を必要とするのだ。

この章では重複を避けるために、国内外の商業港を一つの単位として考え、国内外の海軍基地も同様に一つと考え、それから商船隊と海軍の艦隊も同様に扱うことにする。この章は戦略的な意志力を改善し指導する重要性を明らかにする言葉で結ばれるだろう。

本国と海外の商業海港

国際関係における空間的要因と経済的要因の相互作用と幅広く定義される「地理経済学」は、シーパワーを切望するあらゆる国の行動指針にも大きな影響を及ぼす*8。複雑で相互に連動する貿易関係は社会を海へと誘《いざな》う。市民や産業が海岸を賑わせるように、海洋志向の経済は比喩的にも、あるいは文字通りに海へ向かうのだ。同時に、サプライチェーンを鍛造することは、人口統計学的で社会経済的な大変革に触媒を追加することである。そして、この大変革は海に対する国家の取り組みに、永続的で強力な衝撃を加える。国外の敵からサプライチェーンの環をどうやって防衛するかを政治家と司令官たちが熟考するのと同様に、海洋交易と通商もまた戦略的な関係を引き起こすのだ。

生産、流通および消費の全ての連鎖を分析することは、膨大な仕事になるだろう。その代わりに、流通の環、特にサプライチェーンで海港が演じている役割に集中しようではないか。結局のところ港湾とは本国の生産者と、海外の市場へ商品を運ぶ運送業者の間の接点なのだ。港湾は同様に、海外の販売者と本国の購入者の間の接点でもある。この環はシーパワーと海上交易の最も明快な面の一つである。そしてこれは生産と消費を計測するための便利な代用品にもなる。

海港は同時に海上交易の中核である。港湾は流通の必要不可欠な構成部分であり、本国で生産された商品とこれらの商品を海外へと運ぶ商船をつなぐ接点である。港湾とこれに連なるサプライチェーンは海外市場における商品の需要を満たす上で極めて重要である。載貨重量トン〔船の最大積載量〕で計っても、「二〇フィートコンテナ換算」（標準化された多用途輸送用コンテナを基準とした計測単位）であっても、あるいは商品の価格で計算しても、商品は圧倒的に海路で運ばれている。同時に、そのような流通網と結節点は輸入品が適切に国内の需要を満たすことができるようにする。だから港湾の数、能力、能率は生産、流通、消費の有用な測定基準ということになる。

港湾はそれだけで生産と消費の原動力である。輸出志向の製造業者は、港湾あるいは港湾とつながっていて輸送コストを下げてくれる輸送網の近くに、自分たちの拠点を置きたがる。同様に、港湾都市またはその近傍にある産業は、新しい労働者を海辺へ引き寄せる。地元の住民と、経済が成長するにつれ豊かになった住民は、国産品および輸入品をさらに欲しがるようになる。交易が富を生み、富がさらなる交易を生み、生産性と増益の好循環を発生させる。したがって、港湾システムは国家の製造能力、財力、人口統計のパターンと一致するのだ。

海港の数と特徴は、地理的およびその他の構造的な要素――マハンのいう自然条件――が海洋交易、すなわちシーパワーのために働いているのか否かを示している。第１章で示したように、重要な海上交通路への距離、海岸線の長さ、港の数と特徴、全住民の繁栄が海洋に依存している度合い、その国固有のその他の要素が、マハンにとってのシーパワーの重要な要素を代表している。海洋国家の港湾システムの発達と繁栄は、これらの特質にかかっており、同様にこれがシーパワーを維持するのだ。

中国はおそらく、現代において生産、流通および消費の論理が機能している最良の例を示している。中国は一九七〇年代後半に自国をグローバル経済に開放し、この政府の政策は沿岸部の経済中枢、特に渤海沿岸および揚子江三角州、珠江三角州の周辺の港湾都市の発達を促した。マハンの理論により、地理——長い海岸線、豊富な港湾、公海へのアクセス——は、通商、船舶および中国の沿岸の基地の間の活発な相互作用を促している*9。

このように、経済発展、交易、軍事防衛の結合にスポットライトを当てながら、これらの〔経済〕中枢を攻撃から守るために中国の共産主義指導者は海洋における前方防御の配備に拍車をかけている*10。地理経済学は中国の海洋戦略を駆り立てる主要な原動力となっており、これはいかなる野心的なシーパワー国家にとっても同様である。

本国と海外の軍港

実際には、商品と原材料のためのグローバルなサプライチェーンには軍に双子の片割れがいる。マハンは海軍力のための軍事部門のサプライチェーンが何かを理解していた。結局のところ海洋国家は海軍を設計し、建造し、維持するための特別な産業を必要とするのだ。軍艦は商船により定期的に運航されている海上交通路を通って遠征し、そして軍艦は戦闘力を再生するために航海の果ての地で海港へのアクセスを必要とする。実際には、マハンはグローバルな商業サプライチェーンをモデルに、それと商取引の関税から資金を提供される守護者を併置したのだ。

商業の例から見ると、海港は国内の生産者と海上交通路を行き来する商船を結んでおり、商船は海を越えて運んできた商品を、海外の消費者とつながる海外の海港へ運び込む。これはロドリクの生産、流通および消費の循環に一致する。軍事部門では、本国の海軍基地が海軍艦艇の再装備、修理、再補給を行う避難所の役を務め、これらの艦艇を航海に適するばかりでなく、戦闘に耐えられるように維持する。この〔交易と海軍の〕双子のサプライチェーンのいくつかの要素は完全に一致する。たとえば、ある国の海軍基地の一覧表は、十中八九、商業港のリストの一部である。全ての商業港が海軍部隊の母港というわけではないが、事実上全ての海軍軍港は、コンテナターミナルおよび貨物を移送し商船を整備するために必要なあらゆる種類の施設を備えた商業港という二つめの顔を持っている。

海軍の任務部隊《タスクフォース》は海賊や武器密輸業者といった犯罪者や、あるいは海上交通を遮断しようと決意した海軍から海上交通路を保護するために母港から海へと乗り出す。そして、軍艦は目的地にある海軍基地から支援を受ける。実際、港へのアクセスは海軍にとって必要不可欠である。同様に助けとなるのは航路に沿っての中継拠点である。国外地域にある基地には、大規模な分解整備《オーバーホール》を行う乾ドックのような基盤的設備はほとんど無いが、一部の高度な補給所整備の機能を除けば大抵のサービスや補給品を提供できる。これは米海軍が恒久的に前方展開している中枢、特に日本の横須賀と佐世保、バーレーンのマナーマには本当に当てはまる。本質的に、これらの基地は外国の領土に存在する米国の母港なのである。

同時に、海軍基地はありふれてはいるものの公海で作戦するためには欠かすことができないものである。ブラッドレー・フィスク（Bradley Fiske）海軍少将は一世紀前に海軍基地の機能を「海上作戦に必要な備蓄エネルギーを供給し、補充すること」に例えた*11。電池と同じように、海上における艦隊の持久力は無限にはほど遠い。艦船は全ての係留索を放すや否や備蓄されていたエネルギーの放出を始めるのである。長大な距離を超えてエネルギー——燃料、備品、予備品および弾薬として現れる——を補充することはきわめて困難である。原子力推進の航空母艦であっても、数日毎の日課として燃料補給を受けている。〔原子力〕空母自体は無限に走り続けることができるが、搭載された航空団は航空燃料がなければ飛行できず、作戦可能な航空団抜きでは、空母は戦闘艦艇であることを事実上やめてしまう。

洋上における燃料給油と弾薬搭載も万能薬ではない。米海軍は洋上給油、洋上補給（弾薬および補給品）を高い芸術の域まで高めた。戦時中の日本の首相であった東条英機は、太平洋戦争における日本の敗北の重大な決定要因を列挙するように言われたとき、核爆弾、潜水艦戦および洋上補給を挙げた*12。洋上補給のおかげで戦闘艦隊は港湾に寄港する必要が大きく減り、ほとんど休むことなく戦争を継続できた。大日本帝国海軍は息つく暇もなかったのだ。

そのような証言を別としても、補給品を輸送する戦闘兵站艦艇はそれ自身でも補給が必要であり、それも頻繁にされなければならない。フィスクが説明したように、その結果として洋上給油と洋上補給は海軍の陸上基地の不足の一部しか解決しない。基地が生き残るその他の理由は、「特に機械の修理に関連する理由」である*13。戦闘用艦艇の溶接、配管、機械工作のための艦内工作室の能力は限定的である。潜水艦母艦および駆逐艦母艦は、より専門的な整備および修理を実施できるように艤装された特殊な艦艇だが、これらの便利な艦艇は主として過去のものだ*14。陸上の補給兵站廠だけが米海軍の水上艦艇の全面的な分解修理を行うことができ、したがって艦船は作戦上の周期《リズム》の一部として数年毎に〔基地で〕長期整備を受けるのだ。

フィスク提督の物理面についてのたとえ話は、艦隊が短期間のうちに燃料、弾薬、予備品、軍需品を消費して、備蓄エネルギーを放出してしまうというアイディアを今に伝えている。彼等は旅行者が長旅でバッテリーに再充電するために携帯式電子機器をＵＳＢポートに差し込むのと同じように、「バッテリー」を再充電するために入港しなければならないのだ。軍港とは海軍におけるＵＳＢポートなのである。

軍港の候補者を評価する：君たちの地図を見よ

海軍基地はどんな場所に建設されるべきだろうか？　地理を無視するわけには行かないだろう。一九四二年のジョージ・ワシントン（George Washington）生誕日に行われた有名な炉端談話の中で、フランクリン・ルーズベルト（Franklin Roosevelt）はアメリカ国民に「君たちの地図を見よ」と伊達に説いたわけではない。ルーズベルト大統領はアメリカ国民の地理的な自覚を促して、それによってユーラシアと太平洋を縦横無尽に暴れ回っていた枢軸軍の危険に対抗して、アメリカ人も警戒態勢を取るようにと働きかけていたのだ*15。もし、ドイツ、イタリアそして日本の軍隊が手を組めば、恐るべき危険が迫ったであろう。枢軸国は連合国を包囲し、一国また一国と息の根を止めていく可能性があった。したがって、戦争に向けてアメリカの全資源を動員することが絶対に必要だった。

「君たちの地図を見よ」は、今も昔も戦略研究を熟考するための適切な出発点である。しかし、いかなる地図も球面を平面に投影したものである。このため、程度の差こそあれ誤ったあるいは歪曲された現実イメージを必然的に伝えていることを、地図を調べる際には注意しなければならない。地理政治学の巨人の一人であるイェール大学のニコラス・スパイクマン（Nicholas Spykman）教授は、彼のコンパクトな名著である『平和の地政学』（*The Geography of the Peace*）を、異なる投影図法を調査し、それらが示す印象について考察することから始めている[*16]。スパイクマンの中心となるメッセージの一つは「買い主に用心させよ」（caveat emptor）である。〔地図の〕買い手に注意させるのだ。

もしそうであるならば、教訓めいた話をここでしておこう。地図制作には教育効果があるが、戦術的、作戦的あるいは戦略的な影響を伴って事実を曲解し完全に人を欺くこともある。フレッチャー法律外交大学院の名誉教授であるアラン・ヘンリクソン（Alan Henrikson）は、地理空間的な認識の心理学を深く探求している。彼は「心の地図」は「思索または行動において人が学習し、体系化し、記憶し、思いだし、再整理し、彼または彼女の広範な地理的環境に関する情報を実地に応用することである。そしてそれを通じて、秩序だってはいるが、継続的に順応していく精神の構造である」と書いている[*17]。その意味で彼は地図とは「アイディア」であると述べている*18。そのような地図は「彼または彼女に空間における複数の指し手の中から選択を強いる問題」に直面したときに「人が空間的な決心をするための『引き金となる』のである」*19。

アメリカ人はナチスの侵略に抵抗しなければならない北大西洋共同体の一員であると同時に、真珠湾攻撃後は太平洋における地歩を回復しなければならないという信念をルーズベルト（FDR）大統領は持っていた。そのような信念を浸透させるために、大統領はアメリカ人の心の地図を修正しようとしたのだ。ヘンリクソンは心の地図の縮尺は人により様々だと付け加えている。実際、人は自分の周辺環境について多種多様な心の地図を作り上げていることが多い。地元エリアの心の地図は州、国家、地域、全地球の地図と「重なり合って」いるだろう*20。あるいは、もし特定の個人あるいはグループが地元の地域により強い忠誠心を抱いていれば、地元の地図が地域あるいは地球のイメージよりも上位にくることがあるかもしれない。例えば、ロバート・リー（Robert E. Lee）将軍はアメリカの南北戦争が勃発したときに、連邦よりも彼の出身州であるバージニア州への忠誠心を上に置き、彼の心の地図が地元志向であることを示した。そうでなければ、リーは米陸軍を辞して南部連合と運命を共にすることは無かったであろう。

心の地図の作製は国家の文化の一部も構成している。例えば、インドの外交政策コメンテーターであるラジャ・モハン（C. Raja Mohan）は、インド人は世界の出来事について三層からなるイメージを心に抱いていると説明している。最も内側にある心の地図はインド亜大陸に広がっており、中間の地図はインド洋地域にわたって延びており、最も外側の地図は全地球を包み込んでいる*21。同様に現代の中国の心の地図は、中国の艦船と航空機の西太平洋へのアクセスを遮断するように見える沖合の列島線に注意を集中しつつ、東アジアを地図の中心に置いている*22。心にこのような像を描くことで、中国政府は外交政策と戦略を不吉な予言とともに考える傾向がある。中国の戦略家たちは国内の問題を地域あるいは世界の問題の上に置く傾向があるのだ。彼等の「インド太平洋」および世界に関する心の地図は東アジアの地図の上に載っているかもしれないが、本国の近傍でアクセスが遮断されていると艦船と航空機はより広い世界に到達することができない。したがって中国人はグローバルに行動するためにはローカルに考えなければならないのだ。

心の地図は、もっぱら地元の、地域の、あるいは国家レベルへの相性のよさばかりではない。同じ場所の出身だが異なる地理空間領域で行動する人は、世界を全く違うやり方で見ていることも多い。第1章で述べたように、ワイリー提督は陸軍兵士、空軍の操縦士、海軍の船乗りの間の反目を彼等が作戦する領域の機能の一部として説明している*23。作戦環境の心の地図は、周囲の環境およびそこでどのように物事を進めるかについて異なる仮定を生じさせる。あるいはヘンリクソンがほのめかすように、世界についての「陸上生活者の視点」と「船乗りの視点」は「飛行機乗りの視点」と異なるのだ*24。

〔戦争で〕有利な場所は以前なら地球の表面上——主として二次元の領域——にあったが、航空士は上空に舞い上がり三次元で思考する。潜水艦乗りもまた三次元で行動するので、大気と水中領域の相違に関わらす、ある程度飛行機乗りと視点を共有するかもしれない。その上、ヘンリクソンは、船乗りの視点と陸上生活者の視点にさらにはっきりした違いを認めて、さらに細かい観察をしていたかもしれない。結局のところ、海と陸は異なる特性を持つ別個の領域なのだ。戦略を立案するときには、仲間の船乗り、統合軍の仲間たち、同盟国、敵および傍観者が地理空間的な条件において世界をどのように見ているか尋ねる価値はある。空間的な条件で考えることは問題をはっきりさせる。そしてそれは共感を呼ぶ。

スパイクマンとヘンリクソンは戦略家たちに、地図は認知を歪ませることもできることを覚えておくようにと助言するだろう。すでに述べたように、スパイクマンは地球表面の様々な投影図を再調査し、これら全てが大なり小なり現実を歪めているということに気がついた。ヘンリクソンは地理志向の者に対して、具体的な現実からどのように心の地図がずれていくかという日々の事例を参考にするようにと力説した。

ある通勤者が通勤ルートの二者択一を迫られていると仮定してみよう。一方の道は出発地から目的地まで一直線だが、混雑した市街地を通る一般道を経由する。他の路は交通信号のある建物密集地を迂回して、郊外を通る州間高速道路を進んでいく。一方は走行距離が遙かに長いが、それぞれのルートで運転時間は同じかもしれない。一方の旅程は短くて遅いが、他方は早いが遠い。しかしながら、ほとんどの運転手はそれぞれの旅程を同じ距離だと感じるだろう。たとえ距離走行計が結果として心の地図と異なる数字を出したとしても、時間こそが距離の認識に明確な形を与えるのである。

近年起こった極めて影響力が大きい心の地図の誤解例を挙げてみよう。二〇一一年、ヒラリー・クリントン（Hillary Clinton）国務長官は、オバマ政権のアジアへの「政策転換（ピボット）」を明らかにした。これは、太平洋戦域を重視した米軍の兵力展開を実現するために「リバランス」――あるいはむしろアンバランス――することを意味していた。同政権は二〇一二年の国防戦略指針でピボットが中国の台頭を相殺するために必要であるとしてこれを成文化した……その結果、外交政策の解説者たちはアメリカが欧州に背を向け始めていると直ちに主張し始めた*25。

スパイクマンなら予想したかもしれないが、メルカトル図法が彼等を惑わしたのだ。〔アメリカで製作されている〕メルカトル投影図は通常、南北アメリカを地図の中央近くに据えており、ユーラシアは分割されて西ヨーロッパは地図の右端に、東アジアは左端に置かれている。その位置からだと実際、アメリカ政府がその政策の重視点をロンドンあるいはパリから、あるいは北京に一八〇度旋回させるに違いないように見える。そのような誤解を避けるために、スパイクマンは国際関係の実践者に、政策あるいは戦略について確固たる結論を導き出す前に、多角的な視点から物事を見ることを強く求めている。

北極中心の等距離方位図法による地図が示しているように、宇宙から北極を見下ろしてみると、米東岸を基地とする米軍がインド洋に向かう時にユーラシアの一端を回り込むことが明らかだ*26。彼等は通常、途中で大西洋、地中海および紅海を通過する。米西岸またはハワイに駐屯する部隊は西太平洋に達するためにユーラシアの反対側を巡航する。視覚的には極投影は、世界島がまるでアメリカの優しい抱擁を喜んでいるかのように見えることを示している。

私は政策転換（ピボット）に関する授業をスパイクマンの北極の地図の特徴を描写して終わりにしていた。私はその地図を米軍の移動を示すベクトルで飾りたてて、「ユーラシアは縁に沿って通るためのものなのだ」という言葉で締めくくっていた。米国政府はアジアに集中するために欧州から視線を逸らす必要はない。米国の政策立案者たちは彼等の注目点を、欧州の南の防壁沿いの海上交通路に沿って地中海までほんの数度だけ南に向きをそらせばよい。これには警戒する――あるいはすべき――理由はほとんどない。米国の指導者たちはヨーロッパ自体を目標と見なすより、インド太平洋における努力の踏み台としてもっと考えるようになるだろう。しかし、それは大陸（欧州）を見捨てることとは大違いなのだ。ある古典が「統計でウソをつく法」あるいは統計でウソをつかれるのを避ける法について説明している*27。『平和の地政学』は地図製作法の領域で同様の忠告を提供している。それを受け取るのだ。

そのような観察を通じて、ニコラス・スパイクマンは如何にして地理が戦略に染み渡っていくかについて示している。何人かのシーパワーの専門家が、生産、艦船、基地のマハンの定式に加える第四の要素として地理を挙げている。しかし、私は同意しない。地理はこれらの他の要素から独立してその上位に位置するものである。それはこれらのシーパワーの要素が相互作用する活躍の場を設定し、場の輪郭線を大枠で確定するものである。これはなぜマハン提督および彼と同じ意見を持つ戦略家たちが、地理的環境に精通することを、競合的な事業計画における成功の必要条件と考える理由である。そのような詳細な吟味は指揮官と士官たちを、彼等が争い、戦いすら行う場所に順応させ——彼等を地形が可能にし、あるいは妨げる可能性について警戒心をいだかせる。

マハンが「地理学は戦略の根拠なり」と公言したことも驚くには当たらない*28。彼は戦略的な地理学についての彼の考えを、米海軍基地の候補地を吟味したときにこの上なく完全な形で言い表した。海洋の地理は多くの点で大陸の地理とは際だって異なっているが、彼は地上戦の原則のいくつかは海にも適用されると述べている。その結果、ランドパワーの偉人であるフイードリッヒ大王やナポレオン・ボナパルトの偉業は船乗りにとっても研究の価値ある対象の代表なのだ。マハンはナポレオンの「戦争は位置の業である」という格言を、彼の最後の大著となり陸と海の戦争の類似性を特に明らかにした本である一九一一年発行の『海軍戦略』の中で四回も喜んで引用し、あるいは言い換えていた。

なぜマハンは陸上戦の原則を海に持ち出したのだろうか？　単純な話で、彼は陸軍士官学校の教授で当時の米陸軍将校の間で尊敬されていた人物であるデニス・ハート・マハンの息子だったのだ*29。若き日のマハンは幼い頃からその道の達人の一人より地上戦を作り上げているアイディアについて吸収していた。そして彼は一生を通じて地理学を鋭敏に意識し続けた。結局のところ、地形はいかに地上戦の実践者が本業に励むかについて、船乗りや飛行機乗りには洞察が難しいぐらい影響してくる。兵士は山や丘陵、隘路や高所といった視点から考える。これと異なり、船乗りは広大な大洋で極座標、数学用の器具と公式、そして今日であれば衛星航法を使いながら自分たちの道を見つける。航空士たちも自由奔放な大空の中でおおむね似たようなことをしているが、違っているのは海という平面の上ではなくて三次元を機動するという点だ。第1章が指摘するように、陸地に近づいたときにだけ海上あるいは航空移動は乾いた地上での移動に近づいてくるのである。

マハンを陸戦教育の視点から見ると、他の海洋理論の大家たちよりも特定の分野をより徹底的に検討していることがわかる。彼はランドパワーの執筆家であり、彼が「尊敬すべき先人」と命名したアントワーヌ＝アンリ・ジョミニ（Antoine-Henri Jomini）の信奉者だった＊30。更に言えば、何人かの解説者はマハンを海のジョミニ男爵だと述べている＊31。ジョミニはナポレオンの軍隊に仕え、陸上戦の幾何学的性格を大いに強調した。彼の著作は連絡線、内線作戦線および外線作戦線といった重要な概念を生むきっかけとなった＊32。連絡線は大洋に細密な地図を描くが、航海の出発地と終着地あるいは船舶が海峡を通峡し、あるいは沿岸を巡航するために陸岸近くを通過する場合を除き、連絡線は直線航路になることが多い。

戦略の聖典におけるその他の伝説的な人物の名を挙げると、プロシアの賢人であるカール・フォン・クラウゼヴィッツと中国の将軍であった孫子の両者は二人とも、包括的な形で地形に敬意を払っている。しかし、どちらもある特定の戦場あるいは戦域の地理的な特徴を詳細には検分するようなことはしていない。マハンはこれをしたが、なぜなら彼にはなすべきことがあったからだ。彼は生涯を通じて、どうしたらアメリカを有力な海洋大国にすることができるのかと思い悩んでいたので、彼は戦略に関する自らの発見と助言の照準を主として一九世紀末から二〇世紀初頭のアメリカ政府と社会に合わせていた。彼はアメリカ人が注意力と競争力を、彼が死活的に重要と考えた地域に向けることを切に求めた。そのために彼はこれらの地域に関する特性を徹底的に調べた。

「リムランド」という用語はまだ発明されていなかったが――スパイクマンが一九四〇年代にこれを作り出した――この歴史家〔マハン〕はユーラシア沿岸へのアクセスについて絶えず考えていた。リムランドは海と大陸内陸部の中間地帯である。マハンは極東沿岸部に特に注目したが、彼の発見は米国あるいは海の支配者でありアメリカの先駆者である英国のような、向上心に燃えるすべての国におおむね当てはまる*33。米国の蒸気船は重要海域に到着するために定期的な燃料と食料等の補給を必要とした。したがって、商船隊や海軍の艦隊は太平洋の反対側にある造船所への信頼できるアクセスに加えて、太平洋を横断する「飛び石」が必要だった*34。

前哨基地の獲得に失敗したら、米国の艦隊を「陸上の鳥のように自国の海岸から飛んでいくことができない」という地位に追いやるだろう*35。もし艦隊が本国水域に留められたら、達成できることはほとんどないだろう。生産、流通および消費の有益な循環が遠い未来で回転しないのはもちろん、始動すらしないだろう。これではうまくいかない。海軍基地は海洋戦略のための贅沢品ではないのだ。もし本国から遠く離れた地でシーパワーが周囲に影響を及ぼすことが難しいのであれば、マハンは米国が艦隊の行動範囲を拡大するために、リムランドへの適当な航路に沿って基地を獲得すべきと主張した。マハンは極東において通商を進める必要性から始め、そして対岸の西太平洋の側から見て海軍基地を設置する場所としてどこを最重視するかを評価するために働いた。

彼の注目は最初にハワイ諸島、それからパナマ地峡、そして最後にカリブ海海盆に注がれた。彼は米西戦争の前からこれらについて書いていたのだ。一八九九年の平和協定はカリブ海の島々、グアムおよびフィリピン諸島をアメリカの手中に引き渡した*36。ミッドウェイ等を一八六七年に獲得していたので、議会は次にハワイやウェーク島のような太平洋の避難所を併合し、ほとんど一夜にして何もないところから島帝国を作り上げた*37。スペインに対する武力紛争の戦利品の一部として、［アメリカの］蒸気船はアジアのリムランドへ向かう旅路で今や兵站支援を受けることになったのだ。

マハンの著書は長期にわたり南にも目を向けていた。彼が新たな海上交通路と、ここを通過する商船隊を支援し防衛するために必要な施設を考え、時代にとても先んじていたことは特筆に値する。一九〇二年になるまで、米国はパナマ地峡を横切る運河を掘削しその守備を固める権限を米国政府に与える条約を締結しなかった*38。その時までに、マハンは既に二〇年近くにわたり米国の前方海外基地のために報告書を積み上げていた。抽象的な戦略的デザインに実際の政策と戦略が追いつくにはしばし時間が掛かるのである。

南部連合に対する北軍海軍の封鎖任務の経験者にふさわしく、マハンは戦略的な地理学に関する研究を南北戦争中の南部水域における海軍作戦の歴史を扱った『メキシコ湾と内水』（一八八三年）（*The Gulf and Inland Waters*）というコンパクトな専門書から始めた。この本は彼が一八八六年に米海軍大学で教職を得る際の一助となった。『メキシコ湾と内水』の中で、彼は後の彼の思想がたどる方向性を示唆しながらニューオーリンズ、モビールおよびペンサコラといった港湾の地政学的価値を評価した*39。マハンはこのように戦略的な地理学の探求をパナマ運河が商業運行を開始した一九一五年の三〇年以上前から、一八九〇年に刊行された彼の代表作である『海上権力史論』から見ても七年前から始めていたのだ。

前に述べたとおり、マハンはアジアへの新たな海上交通路を最終目的――太平洋にまたがる飛び石――から始めて、米東岸に点在する出発点まで戻る道へと段階的に描いていた。彼は『フォーラム』(***The Forum***) 紙に「ハワイと我らが将来のシーパワー」(**Hawaii and Our Future Sea Power**) というタイトルの論文を発表したとき、ハワイ諸島を一八九三年までに併合することを熱心に訴え始めた。彼はそれから、(一八九三年後半に『アトランティック』(***The Atlantic***) 誌上に発表された「パナマ地峡とシーパワー」(**The Isthmus and Sea Power**) の中で) 太平洋から二つの大洋の「ゲートウェイ」であるパナマ地峡、そこから (一八九七年に『ハーパーズ』(***Harper's***) 誌に掲載された「メキシコ湾とカリブ海の戦略的特質」(**The Strategic Features of the Gulf of Mexico and the Caribbean Sea**) において) メキシコ湾とカリブ海へと戻るこれから生まれるはずの航路を描いたのである。彼はこのように通商と海軍力のためのサプライチェーンにおいて流通の環を構成するかもしれない海上交通路の概略図を描いて見せたのだ。

これら三つの論文すべては、一八九七年に『シーパワーへの米国の関心、現在と将来』(***The Interest of America in Sea Power***) に再掲された。出版のタイミングが偶然だったはずはない。その年、スペインとの戦争は急迫した様相を示していたし、それと共に、米国に欧州の帝国

〔スペイン〕を近傍の海域から駆逐し、自身をカリブ海盆の主にするチャンスが生まれていた。この新たな帝国を支持する者たちは彼らの主張の根拠となる知的なサポートを必要としていたが、マハンは重大な岐路でこれを提供する手助けをした。セオドア・ルーズベルトが述べたかもしれないが、政治的「万華鏡」が回転したのだ。すなわち、政治的な条件が揃ったので、海洋帝国主義の支持者が議会で勝利し、彼らのマハン的な構想を実現したのである＊40。

ハワイ諸島

このようにマハンは海洋戦略を段階的に考察していた。カリブ海とメキシコ湾はひとたびパナマ運河が開通すれば太平洋へのアメリカの入り口になり、ハワイそしてそこから極東までの直行航路を提供することになっていた。なぜハワイなのか？　この群島の地理戦略的な価値が理由を説明してくれる。それは北米西海岸から見てもっとも近い「飛び石」島であり、周辺で唯一の候補者なのだ。それゆえ、それは並ぶもののない価値を占める。彼は「ハワイ諸島はユニークな重要性を持つが、それは単に天与の貿易上の利点のためだけではなくて、海上支配や軍事的管制に有利な位置を占めているからである」と指摘している＊41。この意見に至るために、この歴史家〔マハン〕は海軍基地のための候補地の価値を評価するために三つの指標を考案している。

「一般に、ある海軍根拠地のもつ軍事的・戦略的価値は、その地理的位置、防御力、そして資源いかんにかかっている。以上の三者のなかで第一の要因が最も重要である。なぜなら、それは天与の状況であり、人為的なものではないからである。ところが、他の二条件が不十分な場合には、その全部もしくは一部を人為的に埋め合わせることができるのである。つまり、要塞を強化することで根拠地の弱点を補強できるし、先見の明があれば、現地では算出していない資源をあらかじめ蓄積しておくこともできる。しかし、戦略的有効範囲の外にある一根拠地の地理的位置を変えることは、もとより人力の及ぶところではない」*42

これはマハンの膨大な著作の中で最も強い影響力のある一節の一つである。「地理的位置」という用語で、彼は中枢となる可能性のある場所の地理的な位置を表した。もし根拠地が重要な海路、敵の基地あるいはその他の戦略的な価値を支配する場所の近くにあれば、マハン的な測定法では良い位置にあるということになるのだ。もしそうでなければ、その価値はまあまあから取るに足りないの間のどこかということになる。「防御力」はある場所の防御の可能性に注目している。自然の防御が理想的であるが、海軍と陸軍はある地点に塹壕を掘り、強固な建造物と航空機および艦船のシェルターを建築し、あるいはその周辺に沖合あるいは上空の敵部隊を攻撃できる兵器を据え付けることで「強化」できる。「資源」は港湾都市および周辺地域が食料、燃料、必需品で艦隊を支援する能力を意味する。もし、その場所の天与の資源がわずかであれば、補給品を持ち込むのに十分な兵站インフラを構築することで増やさなければならない。

重要な場所や海上交通路に近いことは至上の要件だが、一方で孤立は港湾の価値を低下させる。例えばジブラルタルは地中海へのアクセスに圧力を加える。しかし、空っぽの大西洋中部――例えば商船や軍艦の往来が無い海域――に移転されたら、この上ない自然の防壁にもかかわらず、ジブラルタルは海軍基地としては役立たずになるだろう＊[43]。そこに駐留している艦隊はやることをほとんど見つけられないし、敵の船舶はそこを迂回するに違いない。マハンが記したように、誰もその港湾を攻撃する目的を見いださないので、ここを厳重に防御することは非現実的であろう。そしてまたシーパワーも孤立した地勢の場所を改善するために大したことはできない。自然の防御は補えるし、資源は陸路または海路で輸送できる。場所は永遠なるものなのである。

マハンは彼の分析用の得点表に、地理的位置、防御力および資源に並んで、四番目の測定基準、言い換えれば海軍基地を受け入れることに同意した国家の社会的、文化的、政治的背景を追加している。彼はちなみに「いくつかの場所を中立化すると広く言われる政治条件にもある程度配慮しなければならない」ことを強調している。社会的あるいは政治的機能不全は、ある場所の価値を低下させるか、あるいはそれを完全に無効にする。マハンは米国の基地としてのハイチをまさにその理由から度外視している。この島で定期的に繰り返される革命的社会変動、あるいは政治的な「空白」はそれを米国の海洋戦略の戦略資産《アセット》というよりも「無力な障害物」に格下げしていた＊[44]。アクセスは良くてもあてにできないのである。

受け入れ国の政治についてのマハンの論評は結果論のように聞こえるが、本当に彼は地理的位置、防御力および資源が全てではないと確かめたのだ。すなわち、現地の人間模様も実際に重要になりうるのだ。とは言え――有り難いことに――強国が基地を建設するために受け入れ国の君主たちから領土の一片を選んでもぎ取ることはもはやない。船乗りたちは、緊迫した時期には彼らの基地へのアクセスが制限されあるいは拒否されるのに注意しつつ、予期される受け入れ国の国益、視点および悩みの種あるいはリスクを考慮に入れなければならない。

もし指導者が人間模様を軽視するのであれば、争乱状態あるいは無能な受け入れ国政府が、極めて重要な場所の戦略的価値を無視することもありうる。米国とフィリピンの関係は旧植民地と現在の防衛同盟国の面倒な関係の一例だ。フィリピン政府は一九九二年にピナツボ火山が噴火して現地の米軍施設を荒廃させた後に、米軍にフィリピン諸島から退去するように要請した。多くのフィリピン住民およびエリート層は南シナ海における中国の悪行を抑制することを期待して、フィリピンへの米軍の帰還に賛成している。それでもやはり、以前の植民地支配者を再び招き入れいることは、一般世論の大部分から忌み嫌われる。米国の基地使用に対する一様ではない人間模様にマハンは驚かないだろう。

ハワイは地理的な位置についてのマハン的な指標によれば、理想的である。そして、マハンは「戦闘舞台になりそうな一地域について論評」する時に、最初に地形を調査する習慣を作った「ナポレオン一世」を称えている＊45。ナポレオンは状況を次のようにして調べるだろう。

「まず第一に、彼は最も顕著な地形上の特徴を検討することから始め、次に要地を扼する戦略地点を列挙し、それらの相互間の距離、相対的位置——海軍用語でいうところの〝方位〟——そして作戦に際して各地点から得られる個々の便益を考究するのである。このような考察から、全体的輪郭、また決定的な重要地点がどこにあるのかについて明確な判断を下しうるのである。

こうした作戦地点の数は、特定の地域の特徴によって大きく異なる。山地で起伏のある地方では、その数は非常に多い。他方、天然の障害物のない平地では、その数は少なく、人為的に築かれたもの以外には皆無ということになるだろう。作戦地点が少ない場合、そのおののの価値は、沢山ある場合より必然的に大きいだろう。もしただ一ヶ所しかない場合には、その重要度はユニークであるばかりか絶大なものとなり、この作戦地点が単独で力を及ぼす範囲の広さによってのみ、その重要性は測られるのである」*46（強調は著者）

ハワイ群島はナポレオンを魅了したかもしれない。それはサンフランシスコの南西二四〇〇海里（四四〇〇キロメートル）の、船舶が寄港できる代替中継基地のない円の中心にある。島嶼は重要な海上交通路にまたがっており、これにはパナマ運河と東アジアを結ぶ航路が含まれる。英国が帝国を支配していた時代、カナダ西部とオーストラリアを結ぶ航路は同様に海洋戦略において重要な役割を演じていた*47。ハワイはこのルート沿いでもあったのだ。実際に、米海軍と海兵隊は一九四二年から一九四三年にかけてのほとんどをソロモン群島で戦ったが、これは太平洋戦争における海軍のトップの監督者であったアーネスト・キング（Ernest King）海軍大将が、大日本帝国海軍が北米とオーストラリアをホノルル経由で結ぶ航路を遮断するのではと恐れたからだ。要約すれば、ハワイ群島はマハン的な議論において格段の価値を占めており――真珠湾に設備を整え、防備を固め、補給する努力を払うことは骨折りと支出に見合うものである。

中央アメリカ

パナマの地峡はハワイへ行き、そこからアジアに向かう船舶のための極めて重大な結節点である。マハンは運河を「米国にとっての太平洋への通路」と命名した。運河は南方水域のための彼の戦略に何よりも大切な目的を与えている*48。彼にとって、パナマ（あるいはニカラグア）を横断する運河の建設と、欧州の貪欲な諸帝国に対抗して運河への接近路を護るための戦闘艦隊の展開に、あらゆるものが集中していた。マハンはシーパワーの熱狂的支持者に、この地峡は両洋の間の人工水路の掘削を技術者が思い描くまで数世紀にわたって大西洋と太平洋の間で物資の陸路積み替えで繁栄してきた表玄関――したがって「人類が広く関心を抱く地点」――であることを思い起こさせた。彼は「進取の気性に満ちた通商国家」は、「彼等をかくあらしめているまさにその特徴故に……必然的にこれらの決定的に重要な地域の支配を渇望し、狙うようになる……その結果、全ての時代において……そこには明白に、支配に向けたこの渇望、しばしば隠されている控えめで用心深い姿勢、時には国民の嫉妬の衝動に駆られた鮮烈な行動の開始、そして結局は外交的対立あるいは敵対的遭遇が認められる」と論じた*49。獲得への欲望が、地図上で交易を促進した場所への注目を集めたのだ。

それがこのパナマ地峡の宿命だった。マハンは「衰退期の軍事王国であるスペイン」は「この地峡に向かって流れこみ、そのの周辺で集積される」メキシコおよびペルーからの財宝、およびフィリピン諸島からの貢ぎ物に依存していたと述べている。英国は西半球で戦争をしていた間もその後も交易と通商でカリブ海盆に依存していた。〔英国はカリブ海に〕それほどまでに依存していたので、一七七九年に国王ジョージ三世は、たとえそうすることがブリテン諸島――すなわち本国――を侵略にさらすとしても、英国海軍の一艦隊を西インド諸島の持ち場から離れないようにすると宣言していた＊50。マハンにとって、国家がそのような海路の支配に「最も確実な繁栄」を見出し、よってお互いにそれを支配するために争うだろうということは国際関係の鉄則だった。すなわち、「欧州の政治においてそのように決定的な影響力の要素が争われている所では、競合関係にある国家が、平時であれ公然たる戦時であれ、彼等の野心を現場に持ち込むことは避けられなかった。そして、優越を巡る不断の競争は海洋の支配と共に絶えず変化するだろう。それは全ての海洋領域に見られるように主として海軍の優越次第に違いないが、同様に部分的にはこれらの決定的な位置の占有次第であり、その所有権についてはナポレオンが『戦争は位置の業である』と語った。これらの中でもパナマ地峡が最も重要である」と彼は述べている（強調は筆者）＊51。

経済的繁栄への欲求が列強の注意をパナマ地峡に釘付けにしていた。その重要性はその恒久不変の要素に由来しており、「自然な万物の秩序」の一部であった。そして、彼は「中央アメリカ地峡の支配は、制海、海軍優越を意味し、そこから見れば、陸地の保有はせいぜい都合の良い偶発的事件でしかない」と強調した。マハンは米国が「二つの広大な海岸線の間の迅速かつ安全な交通」を妨げる両洋に分かれた地理故に、パナマ地峡に「顕著な国益」を有していたと結論づけた。そういうわけで「我々の国益は商業的であり政治的の双方であり、他の国の国益はほぼ完全に商業的であるが……我々の優越なる支配力に影響を与えず同時に他国の国民の自然権を保証するような均衡も、ましてや最終状態を形成するいかなる和解も考えられない」と彼は明言した＊52。驚くべきことでもないが、当時のマハンは米国を最優先においていた。ただし、アメリカの「地中海」あるいは真ん中の海のために彼が信奉した理論は、重要な戦略的特質を利用するための、経済的活力、軍事力、政治的決意を有する野心的なシーパワー国家すべてに当てはまる＊53。パナマ地峡およびその周辺で実績を積み上げていくことは、マハンだけでなくセオドア・ルーズベルト大統領やヘンリー・カボット・ロッジ（Henry Cabot Lodge）上院議員といった海軍主義者の同志を夢中にさせた。なお、ロッジ上院議員はマハンの海洋問題に関するアイディアを具現する立場にあった政治家である＊54。

彼等は運河の文化的および政治的な誘引力を感じていた唯一のアメリカ人というわけでもなかった。ニコラス・スパイクマンは「中央アメリカを切り開く」――すなわち人類の創意と努力で地理に手を加える――ことは、アメリカの戦略および政治文化に大転換をもたらすと論陣を張った。米国は大英帝国の副産物であり、欧州からの移民の目的地であるという伝統があるゆえに、欧州に向かって東を向く自然の傾向がある。けれども、スパイクマンは大洋間に新たな可航水路を建築することは、「アメリカ全土をひっくり返す」と主張している＊55。創設時から東を向く傾向があった共和国〔アメリカ〕は、初めて自らの地中海〔カリブ海〕に南面して、その後太平洋へと西に目を向けたのだ。

仮に交易と通商が海洋戦略の鼓動する心臓だとすると、パナマ運河は実際に極めて重要だった。両大洋間の近道ができることで、ニューヨークが太平洋近傍に瞬間移動し、アメリカのビジネス業界が太平洋で見つけると期待していた富も引き寄せることになった。ニューヨークを母港としていた商船は、大規模な商業港であるリバプールを母港とするイギリスの商売敵より今では上海まで短い航海で行けるようになった。地理を修正することで、その瞬間にアメリカの船荷主には競争力が与えられた。もはや、彼等は一方の大洋から他の大洋へ移動するのに大陸を迂回する必要がなくなった。北米両眼の間の航海は今や数千海里短縮され、米国内の国内交通も容易になったのだ＊56。

カリブ海とメキシコ湾

この非常に貴重な戦略資産《アセット》の防衛は、ある問題を生み出す。マハンは欧州の海軍が――彼がこよなく大事にしていた米国の国益をおそらく犠牲にして――パナマ地峡を出入りする船舶交通を統制することを狙って、カリブ海とメキシコ湾に海軍基地を建設する可能性を懸念した。彼はそのような将来展望は受け入れられないと感じ、米海軍がこの状況に対応するために自らの基地を作る場所を見つけることを切に求めた。しかしどこに作ればよいのか？　マハンは南方海域一帯の海上交通路を描いた上で、ジャマイカとキューバを前哨基地の最も有力な候補者として選び出した。島嶼の長所を評価したときに、彼はジャマイカが最高級の不動産であると断言した。たとえば、ジャマイカは「全ての交通線の側面を防衛する」のである＊57。純粋に地理的位置から評価すると、イギリスが保有する島〔ジャマイカ〕はカリブ海のどの場所よりも大きな将来性を持っていた。一方で、その島は資源の尺度から見ると不十分であった。島はカナダあるいはブリテン諸島から海路で運び込まれる船荷に艦隊の維持を依存していた。それ故、このコンパクトな島は海軍による封鎖に弱かった。

それではキューバはどうだろうか？　この島はジャマイカを影の薄い存在にしていた。マハンはキューバを大西洋から英国の要塞〔ジャマイカ〕に延びる全ての海上交通路に隣接している小型の大陸と考えた。換言すれば、そこに配備された敵艦隊――おそらくはアメリカの艦隊――は紛争時にはジャマイカを孤立させ、そして飢えでゆるやかに衰弱させる。英国はジャマイカの戦略的価値を完全に満たすためには、優勢な艦隊をこの島に配置しなければならなかっただろう。しかしながら、マハンの時代までに、米海軍の本国海域で英海軍が米海軍に勝利する可能性はますます疑わしくなっていった。

実際には英国海軍は二〇世紀の変わり目までにアメリカの水域からほぼ立ち退いていた。英国政府はアメリカ政府の相対的な善意の中に慰めを見出して、米海軍の優位には頭を垂れた。あるいは歴史家のサミュエル・フラッグ・ビーミス（Samuel Flagg Bemis）が述べたように、英国の指導者たちは「世界のその一部における米国の優越をかなり明白な形で黙認した」＊58。

さらに戦略的な優先順位が撤退を認めることになった。英国政府は北海に戦艦艦隊を釘付けにし始めていたドイツ帝国を威圧するために、戦隊を本国に召集する必要があったのだ。

アメリカの「宗主権」が〔英国の〕撤退を受け入れ可能にし、そして、米英間の政略結婚はジャマイカの脅威をほぼ帳消しにした。残るのはキューバだけだった。キューバは資源と自然の防御の観点からは事実上自給自足が可能で――さらに強力な艦隊がそこに配備されていなくてもその価値が維持されていた＊59。キューバはパナマ地峡と大西洋をつなぐ海域を見張るための前方基地としては、マハンのお気に入りの場所になっていた。ペンサコラやキーウェストのようなフロリダの港湾は力量不足である。これらの港は遠すぎたのだ。資源の見地からは、これらの港は国内の他の場所から遠隔の地にあった。そのほかにも、多くの場所――例えばペンサコラ、アラバマ州のモビール湾、そしてニューオーリンズ――は地図上でお互いに近接して並んでいた。いくつかの場所は「他の港が余りに近くその影響力が強いため、事実上一体化していた」のである＊60。

キューバのグアンタナモ湾は、これとは別の問題である。キューバは航行可能な港湾や天然資源が豊富な広大で細長い島なので、内線の利を生かして一方の側から島の反対側へ移動して封鎖戦隊よりも優れた機動性を発揮し封鎖を許さない。一方で、守備隊は自分たちに再補給することもできる＊61。小型の大陸（キューバ）はマハンの三つの基準――地理的位置、防御力、資源――を満たしているが、スペインによる統治が排除された時に、島民による政治が問題となるか否かは判断が難しかった。したがって受け入れ国との関係はマハンの計算の中ではあいまいな要素である。候補者の利点と欠点を計算した後で、マハンは米海軍にキューバに腰を据える——アメリカの中央の海で有力な戦力になることを力説した。

この海洋地理への進出から我々は何を学ぶべきか？　第一に陸と海とは相互依存の関係にある。沖合の聖域として海洋を利用する能力は、重要な国事が決定される陸上に影響力を及ぼす能力を与える。同時に、海上部隊は洋上で作戦を行う上で必要な乗組員と艦船の回復のために陸上に基地を必要とする。海と陸地には共生関係があるのだ。

第二に、戦略的な地理には需要と供給の法則が存在する。もし島嶼あるいは沿岸の立地が良い場所を占めていて数も少ないならば、これらはたとえ資源や自然の防壁や港湾の形状が期待に添えなくても戦略的価値を帯びる。地理的位置の供給がより乏しければ、これに対する需要は高まる。それに加えて、政府が基地を獲得し、改修し、および防衛するのに政治上、財政上および軍事上の投資を行う前に、海軍基地の候補者となるライバルの間の優秀さを比較評価することは依然として重要だ。さもなければ、有限である国の資源が無駄遣いされるかもしれない。

そして第三に、テクノロジーが海と陸上の間の相互作用に新生面を開いていることは指摘するに値する。我々は陸上に基盤をおいたシーパワーの時代に生きている。海で起こる出来事を決定づけることができるいかなる手段もシーパワーの一手段である。それが艦艇から発射された武器あるいは発進した戦術航空機である必要はない。先進的なセンサーあるいはその他の偵察テクノロジーに支援された長射程精密誘導攻撃兵器は陸上からはるか沖合まで軍事力を投射する。無人航空機、無人水上艇、無人水中艇は海戦における基盤としての役割を演じている。サイバー戦は敵のネットワークあるいはセンサーを混乱に陥れ、大規模部隊あるいは個々の部隊を相互に孤立させ彼等を各個撃破するような攻撃にさらすだろう。シーパワーの道具を組み合わせてさらに入れ替えるその組み合わせには事実上限りがないようだ。

第3章は艦隊と陸上からの火力支援の共生関係についてさらに多くを述べている。さしあたり、シーパワーはもはや戦闘艦隊あるいは海軍の独壇場ですらないということを強調するだけで十分である。空軍、陸軍、沿岸警備隊のような海軍以外の軍種、あるいは厳密には政府の部門ですらない商船や海上民兵が公海に影響力を及ぼすことができる。これら全てが海洋力の手段なのである。良い海洋戦略はこれらの要素を無視することができない――基本的な地理的事実を無視することができないのと同じなのだ。

船舶：商船隊

自らの教義が時代を超えて通用することにこだわった理論家らしく、マハンは商船隊の規模や形態といった細部についてはほとんど語っていない。米国を本格的な通商および海軍大国にすることが彼の目標だったので、彼が自分の著作のターゲットにしていたのは、アメリカの読者だった。しかし同時に、彼は自分の著作が海洋力を志すあらゆる国にとって価値を持つようにもするつもりだった。そのような国のなかには、国有商船隊を持つ国があり、あるいは交易品の輸送については民間の海運会社を当てにしていた国もあり、国有と民間の混成の輸送業者の国もあり様々である。彼は詳細まで掘り下げることにほとんど意義を見出さなかったのかもしれない。

彼はいくつかの重要な点を強調した。第一に、彼は海洋事業に関して、純粋に「海洋的」な――「海軍的」とは対照的な――展望を採用していた。この歴史家は貨物船を〔帆船時代の〕近接戦闘において誉れと英名を得た戦列艦同様に戦略的な手段であり、国家の偉大さを間違いなく担うものと見ている。彼は通商が海洋戦略の駆動軸《ドライブシャフト》であることを強調している。商船は海を越えて原材料と製品を運び、グローバルなサプライチェーンにおける流通の環を体現している。商船はジーン＝ポール・ロドリクの用語で言えば、生産と流通をつないでいるのである。

第二に、民間商船は十分な数がありつつも、船は大きすぎない方がよい。例えばマハンは、なぜスペインとポルトガルの交易が時の経過と共に衰退していく一方で、イギリスとオランダの海上交易が繁栄しつづけたのかを判読するために、帆船時代の歴史を振り返っている。彼が結論とした主な理由は、イベリア半島の両帝国〔スペインとポルトガル〕は交易の輸送を数隻の大型船に集中したのに対し、イギリスとオランダは船荷を多数の小型商船に分散しことである。スペインまたはポルトガルの鈍重なガレオン〔大型帆船〕は、一隻一隻が国家の富のかなりの部分を運んでいた。このように大きすぎる輸送能力をもつ船を建造することは危険を伴うと彼はほのめかしている。効率性の追求は船荷主に数隻の巨大船に貨物を積み込みたいと思わせる――けれども、それは戦略的な危機を引き起こす。

マハンはこのように、公海で物事がうまく行かない時には——そして遅かれ早かれそうなるので、海運業における規模の経済性は適切ではない経済性になりかねないことを示唆している。商品を大きな梱包に集中することは、たとえ一隻の船が天候や海賊あるいは通商破壊艦により失われた場合にでも、国の富の相当な割合を没収される危険にさらすことになる。分散された商船隊はこれとは対照的に回復力に富んでいる。それは著しい経済的な困窮に陥ることなく数隻の船舶の喪失に耐えることができる。それぞれの船舶は総輸送力のほんのわずかな割合を表しているのにすぎないからだ。マハンの意見としては「国の歳入と産業が」スペインのガレオン（大型帆船）のような「少数の宝船に集中されるときは、軍資金はおそらく一撃の下に切断されるだろう。しかしその国の富が行ったり来たりする幾千隻もの船に分散される場合、その体制の根が広く広がりかつ深く根ざしている場合は、その国は多くの苛烈な衝撃に耐え、相当多くの大枝を失うことがあってもその生命には影響を受けないですませることができる」のである＊62。したがって、分散は持続力を与えることになる。

第三に、マハンは流通機能を民間の管理や外国の輸送業者に明け渡すことに反対して、国有商船隊を維持することへの強い支持を表明している。第1章に示したように、彼は健全な商船隊は、戦時の海軍を拡充するために必要な熟練船員からなる即応予備人員を直ちに供給できると主張した。国有商船隊は軍用に迅速に転換できる予備の船舶も提供する。この予備の海上力を利用することは、人員と船舶が民間企業に所属しているときにはより難しくなる。法的な妨害も邪魔に入る。アメリカ製品が外国船籍の船舶で輸送されているとき——これは今日ますます広がっている――これは一層難しい問題だ。外国商船および乗組員は法的に政府の完全に手の届かないところにいる。これらはシーパワーを埋め合わせ、国家の海洋文化を確立することにはほとんど貢献しない。

言葉を換えれば、活力のある国有商船隊は、海洋戦争の要求、困難、リスクを軽減するための戦略であるヘッジ〔安全のための保険〕を掛けるのだ。民間商船を徴発することは大規模紛争では良くあることである。例えば両大戦期間中、諸海軍は大西洋をまたいで兵士および軍需品を全部一緒に運ぶための兵員輸送船として遠洋定期船《オーシャンライナー》を改装した。この間、貨物船、タンカー、ありとあらゆる種類と大きさの船舶が船団に加わった。英国海軍は一九八二年のフォークランド戦争の間、輸送用ヘリコプターとその他の補給品を南大西洋に輸送するために、コンテナ船「アトランティック・コンベアー」を徴用した。例を挙げればきりがない。国同士が殴り合うときには、商船と乗組員は〔海軍と海運の〕二つの機能を果たす。政府はそのような平凡だが重要なシーパワーの手段を大切に使う義務がある。

そして四番目に、海の猛禽からいかにして商船を護るのかという問題が残る。マハンのこの問題についての理解は良くてあやふやである。彼は通商破壊を「疑いもなく海軍戦争において非常に重要な第二の作戦であり、戦争そのものを終結するまでそれは放棄されそうにない」と認めている。彼はこれで公海における戦争に勝つと考えることは「思い違いであり、最も危険な妄想である」と考えていたが、その効果については大いに認めている*63。通商破壊は海上戦争において決め手とはならないが、南北戦争中に南軍の通商破壊艦が北軍の船団にしたように敵の海上交通に破壊をもたらすことができる＊[64]。商船隊を分散することにより、略奪者や通商破壊艦により少数の船が失われても影響を限定できる。

　通商破壊に対応するため、我々は商業船舶輸送を誰から守る必要があるのかに応じた、船舶護衛の最適解を付け加えるだろう。マハンは主として本格的な海上戦争に関心があり、このため彼が念頭に置いていた敵は海軍であった。マハンの提言は戦時の要件を反映しているのである。大艦隊以外の相手なら、護送船団は通商破壊の問題に対して経験的に有効性が証明された解決法となっている。指揮官は多数の商船を集結させ、潜水艦、通商破壊艦、陸上航空機を撃退するための海軍の護衛部隊を割り当てる。例として、連合国海軍は両大戦のそれぞれで「大西洋の戦い」を戦い、米国は邪魔されることなく欧州へ人員および戦争資材を輸送しようとしていた。陸上哨戒機に支援された護送船団と機動展開する軽空母部隊を組み合わせることが、第二次〔世界大戦〕の「大西洋の戦い」においてＵボートの問題への解決策となった。

　日本は護送船団の有効性に否定的であった。理由は未だにはっきりしないのだが、大日本帝国海軍は、日本の商船隊の多くが米国の潜水艦の餌食となり太平洋の海底にまき散らされた一九四四年の夏まで護送船団方式の導入を無視した＊[65]。海洋帝国〔日本〕は船で版図から版図へと輸送される製品と天然資源のみによって結合されていたが、日本政府の護衛に対する軽視は米海軍が帝国をバラバラにするのを可能にした。日本政府の過失は、敵が日本の工業力を徐々に破壊することを許したので、ほとんど致命的な失策であったことが明らかとなった。もし米国が広島と長崎への原子爆弾の投下を中止し、日本の本土を封鎖して兵糧攻めにすることを選んでいたら、それは実際に致命的であったことが証明されただろう*66。

非国家〔主体〕による打撃から商船を守ることが問題である平時の海運の防衛は全く異なる問題である。例えばオマーン湾、ギニア湾、および南シナ海といった交通量の多い海面で、海賊が海上交通路を危険にさらしている。海軍はこれらの海をパトロールするために軍艦を派遣することができるが、これらは広大な海域である。十分な地理的保護範囲を守るために戦隊は分散しなければならない。分散することで哨戒艦艇の間に略奪者が利用できる継ぎ目が開いてしまう。これはまた対海賊部隊の艦艇が攻撃の現場へ進出するまでの対応時間を遅らせる。どうすれば良いのだろうか?

古くからのヨーロッパのやり方は、自衛のために商船を武装することだ。これは交戦地点で、自由に使える火力があることを保証していた。帆船時代の商船はとても重武装していることもあった。例えば、一五八八年にスペインの無敵艦隊を撃退した英国の戦闘艦隊の三分の二は国家への奉仕に徴用された商船であった*67。今日、軽武装の海賊船をかわすために、政府がそのような仰々しいことをする必要はない。商船は海賊の襲撃に対して、シンプルで確実な予防措置を講じることができる。乗員は回避運動をしたり、問題のある海上交通路を高速で通過したり、海賊が乗り込みやすくなるような舷側の梯子やその他の備品を取り外すことができる。そしてもちろん、乗組員を武装させることができるし、あるいは武装分遣隊――海兵隊あるいは民間警備員――を、海賊が集中する海域を通過する間は乗り組ませることができる。自衛の原則は何世紀にもわたって適用されているのだ。

マハンは米国の海運の現状には落胆の声をあげただろうと思う。アメリカの国旗を掲げた船の数は少なく、中国のような競争相手は大量の商船を維持し、加えて戦時に簡単かつ迅速に商船を改装するために商船を軍用規格で建造することを要求している＊68。米国政府は民間商船隊とそれが提供する戦略海上輸送の構成を監督しつつ、米国のライバルたちから、そして両大戦中に商船を建造し徴発した自らの過去から、さらにマハンから教訓を学ぶべきなのだ。

艦艇：海軍

海軍で艦隊をどのように組み立てるかについて、アルフレッド・セイヤー・マハンは多くの人が思っているよりも曖昧である。本書の冒頭で述べたとおり、専門家であっても彼を重装甲の戦艦の支持者に矮小化し、戦艦がもはや存在しないことを指摘して、ハイテクのミサイル時代への洞察に欠けた遺物として彼を片づけてしまうのが当たり前になっている。しかし、マハンは自分のアイディアが何世代にもわたって存続することを望んでいた。彼はテクノロジーと戦争遂行手段は変化することを理解していたので、時の経過を乗り越えられるように自らのアイディアをいくつかの一般的な指針に限定した。

実際には、マハンは「主力艦」(capital ships) の支持者であり、戦艦 (battleships) の支持者ではないのだ。彼は主力艦の定義を特定の型の船体あるいは武器の配置ではなく「海軍の支柱であり真の力」であるとした。これは「防御力と攻撃力を適宜に兼ね備え、猛烈な打撃に耐え、それを敵に加えることができる艦」である＊69。主力艦はマハン的な戦闘艦隊の中核を象徴している。これらは概ね対等な敵艦隊をたっぷりと痛めつけ、相手の側からの反撃を吸収し、勝利するまで戦い抜くのだ。

この定義は、どのように艦隊の構想をまとめるかを考え始める上では、今でも重要な出発点となっている。彼の時代、戦艦は実際に海上戦闘の先陣を切っていた。一世紀前に航空機が導入されるまで、大砲は戦闘艦艇の主力武器であった。効果的な射撃管制により指向される砲列は、戦艦に攻撃力を与えた。分厚い装甲、防水隔壁（船体を防水の区画に分割することで、一発の命中弾が艦全体を浸水させ沈没させることを防ぐ）、そしてその他の設計はそのような重要な艦に防御力を与えた。このように、海軍の設計技師は「受動的」防御を信奉していた。彼等の指針としていた想定は、戦艦は敵艦と概ね同程度の攻撃力を誇る一方で、相手から攻撃も受ける――したがって、それに十分に耐えるよう頑丈に建造されるべきというものだった。

強打を加えそして受け止められる全ての船は主力艦、すなわちその時代の最高の戦闘艦の資格がある。ビリー・ミッチェル（Billy Mitchell）将軍のようなエアパワーの信奉者は早くも一九二〇年代には航空機が戦艦に既に取って代わったと主張し始めていた。その頃、ミッチェルは〔標的艦となった〕旧ドイツ帝国の戦艦「オストフリースラント」（Ostfriesland）を航空機が撃沈する実験を目撃していたのだ。とはいえ、海軍航空隊が水上艦艇部隊を凌駕した日としては、一九四一年一二月七日〔日本時間では一二月八日〕を指すことが一般的である。それは大日本帝国海軍の空母搭乗員が航空機搭載魚雷と爆弾で、米国太平洋艦隊の戦列に致命的打撃を与えた日だった。第二次世界大戦が終わるまでに、空母艦載機は日本の超ドレッドノート級戦艦「武蔵」と「大和」を沈めていた。排水量七〇〇〇〇トンで、三二〇〇ポンド（約一四五〇キログラム）の弾丸を二六海里（約四二キロ）先まで飛ばす十八・一インチ（四十六センチ）砲を多数装備したこの戦艦は、これまで建造された中で最も大きくて重武装のドレッドノート級戦艦であった。もし、この戦艦がエアパワーに立ち向かうことができないなら、どんな水上艦艇でも無理だろう。

「武蔵」と「大和」、そしてそれよりも小さな無数の艦船の死は、航空母艦とその攻撃部門である搭載航空団の優越を確かなものとした。空母とは〔戦艦の主砲の射程である〕数十海里ではなく、数百海里をまたいで破壊をもたらすことができる艦艇であった。もしそうなら、今でもマハン的な基準は主力艦の地位を主張するものを評価する上で我々の役に立つ。そしてこの基準は、艦隊の軍備計画立案担当者が海軍を設計するのを助ける。けれども、主力艦の防御力はますます「積極的」防御に移り、装甲のような受動的防衛は少なくなっていることは注目に値する。積極的防御とは相手が武器を発射する前に、防御側が遠距離で敵の撃破を試みるものだ。そして現代の艦艇の攻撃的な火力は航空機の中だけでなく、航空機、水上艦艇、潜水艦までもが今や発射する誘導ミサイルへと変化している。このため、ミサイルは現代の戦闘艦艇に攻撃的「および」防御的な力の多くを与えているのだ。

現代の主力艦とは何だろう？　広大な甲板を誇る航空母艦が今でも主力艦だろうか？　おそらくそうだろう。艦載航空機は数百海里の彼方を攻撃できる。空母の船体は昔の戦艦と似たような哲学の上に建造されている。空母は内部構造を守るために厚い装甲で覆われている。そして敵の航空機と艦艇が武器の射程内に近づく前に打撃を加えるために、はるか前方に配備されている航空団は艦隊の積極的防御を行う。それだけでなく、航空母艦という「高価値部隊」を航空機、ミサイル、潜水艦の攻撃から守る装備を持つ巡洋艦と駆逐艦を随行させて航行している。一方で、中国のような将来の敵は自分たちを対艦弾道ミサイルおよび巡航ミサイルで武装しているが、その多くは空母のエアパワーの圏外から攻撃し、一斉射撃もできる。空母の防御力が十分か否かは今日の船乗りが直面する最も差し迫った問題の一つである。

誘導ミサイル巡洋艦や駆逐艦のような戦闘艦艇はどうだろうか？　そのような艦艇は攻撃力で一杯だ。艦の垂直発射セルは、遠距離から敵の艦隊あるいは陸上目標を連打するために一発以上のミサイルを発射できる。マハンは垂直発射セルに目を輝かせるだろう。これこそ火力だ。また一方では、海軍の設計技師は装甲をほぼ完全に無くしてしまった。もはや水上艦艇は、戦艦のように自らの主要武器の打撃に耐えて戦い続けるように建造されてはいないのだ。これらの艦艇は、対艦・対空ミサイル、電子妨害、近接火器といった積極的防御に依存している。これらの防御火器は艦艇に打撃を加えられる前に脅威を阻止することを意味しているのだ。

現在の米海軍の議論の焦点は、ミサイルを装備した敵部隊である「射手」が、「矢」あるいはミサイルの発射が可能になる前に相手を撃ち殺すことである。仮にそのような対策が失敗したならば、水上艦艇の船体には多くの矢を受け止める耐久力がない。批評家たちは、これを「一発轟沈艦《ワン・ヒット・シップ》」とバカにしている。主力艦の地位を〔現代の〕水上艦艇が主張することにマハンは文句を言っただろう。

あるいは潜水艦が将来の主力艦ということはありうるだろうか？　ミサイルを搭載した攻撃型潜水艦は、敵の潜水艦や水上艦隊を遠距離から襲撃するための攻撃的な火力を有している。彼等は必殺の魚雷も搭載している。多くの攻撃型潜水艦は敵艦隊に対して同系列の対艦ミサイルを打ち上げる能力を持つ垂直発射装置を装備している。潜水艦はその攻撃力に加えて、堅固な防御力も自慢にしている。しかしながら、彼等は頑丈な艦体による受動的防御や積極的防御よりも隠密性を頼みにしている。海洋の特性から、潜水艦は攻撃に抵抗するよりもむしろこれを回避するのだ。水温、水圧、塩分濃度の違いが、主としてソナーのような敵の音響センサーから隠れることを可能にしている。

一隻の潜水艦は、航空母艦や巡洋艦あるいは駆逐艦と同レベルの攻撃力を持ってはいない。しかし、潜水艦は圧倒的な回避能力でこれらの艦艇に勝っており、議論の余地のない生存性により優位を意のままにできる。このため潜水艦は主力艦としての地位を要求できるだろう。その上、どの戦闘艦艇が艦隊最高の打撃兵器を代表するのかを突き止めるためのマハン的公式は、一世紀たった今でも有効性を維持している。マハンの公式は我々が、将来の戦闘では独立《スタンドアローン》した主力艦は存在しないだろうという主張――そして、「人間と機械《マシン》の組み合わせ」、無人機、サイバー戦あるいはその他の新種の構成概念が艦隊の攻撃力および防御力の主要展示場になりうるという主張を判断する助けともなっている*70。

マハンの同時代人であるジュリアン・コーベット卿の亡霊が、艦隊デザインの問題に口を挟んでくるかもしれない。コーベットはマハンよりも主力艦に注意を払わなかった。マハンは主力艦で構成されるこれまで〔アメリカには〕存在したことがないような艦隊を編成するよう、アメリカの背中を押すために本を書いた。英国人として、コーベットは戦闘艦隊を編成するよう母国を納得させる必要がほとんど無かった。英国海軍は既にそのような超一流の艦隊を誇りにしていたからだ。その代わりに、彼は艦隊の構造についてとうとうと語った。コーベットは海軍全体を構成する艦艇の型の「三種類の区分」を調査し、これを「主力艦」、「巡洋艦《クルーザー》」および「小艦艇群《フローティラ》」に分類した*71。彼は主力艦を海戦の中心に祭り上げることはしようとしなかった。実際には、彼は主力艦をより小型の艦艇の支援艦として指定した。これは明白に反マハン的な視点だ。

ついでに言えば、コーベットは艦隊の機能区分は固定的でもなければ永続的なものでもないと推測している。艦船とはアイディアを具体化したものであり、彼は「艦隊を構成する艦種はその時に流行する戦略と戦術の考えの物質的な表現であるか、またはそうであるべきだ」と述べている*72。艦船の型はテクノロジーだけでなく特定の時代や国家で流行している概念により変化する。換言すれば、艦船とは文化的な工芸品であると同時に戦闘の道具なのだ。彼は戦略、戦術および艦船の設計について根本的に異なるアイディアが衝突しそれに基づいて海軍が方向付けられた時に何が起きるかについては言及しないままだった。しかし、そのような知的であり、かつ物理的な非対称は、将来戦の特徴を一瞥するためにも熟考する価値がある。

コーベットの計画では、マハンの計画同様に、主力艦が戦闘艦隊を構成し、この戦闘艦隊は敵の戦闘艦隊と制海およびそれに付随する成果を巡って決闘する（第3章はコーベットが明らかにした海上戦の様相についてさらに言及している）。とは言っても、コーベットにとって主力艦は戦闘のための戦闘を戦うために存在しているのではなく、味方の海上交通路の管制《コントロール》を敵の主力艦が脅かすかもしれないので存在するのだ。小型の艦艇――巡洋艦と小艦艇群――はこの管制を実行する。これらの数は多いが軽武装の戦闘艦は艦隊からの支援なしに敵の主力艦を撃退するには弱すぎる。主力艦はそのような助力を提供するために存在する。同時に、戦闘艦隊はより小型の艦艇の守護者であるが、この小型艦艇は海上交通路一帯に多数散開し航路を支配する。コーベットは「戦闘艦隊の真の役割は」海洋を取り締まる「特別な任務を果たす巡洋艦と小艦艇群を守ることである」と主張する。「敵の軍隊の破壊」は海上戦の「主要目標」でありつづけるが、大海戦に勝利すること自体は目的ではない*73。それは単に勝利に続く良い出来事への扉を開く鍵にすぎない。

巡洋艦は彼等のヘビー級の仲間（主力艦）に比べ軽量でそれほど高価ではない。彼等の最大の長所は、海軍がこれらの艦を大量に調達できる一方で、その上さらに、海洋の取り締まり中に遭遇することが予期される敵艦艇の大半を巡洋艦は打倒できることである。彼等は味方の部隊と商船が海洋公共財を安全確実に往来できるように、そして敵勢力によるこの公共財の利用を拒否するために海洋に展開する。主力艦が敵から制海を奪取しさえすれば、巡洋艦が制海を利用することも安全となる。これがコーベットの表現した巡洋艦の「特別な任務」なのだ。小艦艇群の艦艇はさらに小型である。非武装あるいは軽武装したこれらの艦艇は、一般的には沿岸近くの海域で全ての海軍が遂行しなければならない行政上の任務を実行する。彼等も戦闘艦隊から与えられる防御の上に〔海を〕護っているのだ。

手短に言えば、財政とは厳格な仕事割当係のことである。艦船建造と艦隊設計のために底なしの財源を持っている海軍などない。主力艦、巡洋艦および小艦艇群に割り当てられるべき予算と艦船建造資源の割合を確定することは、艦隊設計者の前に広がるもっとも困惑させられる要求を象徴するものである。主力艦を切り詰めることは、強力なライバル海軍から重要海域の制海を奪い取るために必要な艦隊の火力を脆弱なものにしてしまうだろう。絶対に勝ち取れない制海を行使できる海軍などないのだ。

しかしながら、戦闘能力の過大もそれ自身危険である。巡洋艦あるいは小艦艇群の分遣隊が小さすぎれば、指揮官が持つ海洋公共財を取り締まり、海上覇権の恩恵を受けるための部隊が少なすぎるということになるだろう。コーベットは次のように打ち明けている。「私たちは、決して戦艦のみで管制を行使することはできない。専門化が戦艦をこうした任務には不適格にしてしまい、十分に数を揃えるにはあまりに高価にしてしまった。したがって、もし敵が戦闘艦隊を持っていなかったとしても、私たちは戦艦だけで管制を効果的に行うことはできないだろう」*74。もし、海洋支配を実行する艦隊の能力の最大化に注目するならば、主力艦に余りに多くを配分することは自滅的であることが明らかになるだろう。

その上、どうやって資源を配分するかは終わりのない問題である。この疑問に関してコーベットに対抗してマハンの側についてみよう。戦闘力の不足の危険を犯すぐらいなら、過剰ぐらいの方が安全である。軽量、安価で、比較的複雑でない軍艦――コーベットの巡洋艦および小艦艇群――を戦争の大騒動の最中に建造あるいは改装することは、複雑な主力艦の不足を補填しようとするよりはより容易である。同時に、高烈度の戦闘に向けて資源を「あまりに」一方に傾注することについてコーベットは警告したがこれも的を射ている。艦隊設計者は正しいバランスを保つことを狙いとすべきだ。

コーベットは彼の分析に重要な警告を追加している。彼の時代、蒸気力の時代の到来とともに、新たな技術が巡洋艦および小艦艇群にも以前には主力艦だけに備わっていた火力を装備させた。小型の艦艇は魚雷や機雷――主力艦に大打撃を与えることができる武器をますます振りかざすようになった。理論的には、航続距離の短い艦艇、たとえば魚雷艇、機雷敷設艇、および萌芽期のディーゼル潜水艦が敵国の沖合で戦闘艦隊の行動の自由を拒否することができるようになった。

この話の結論はなにか？　主力艦の攻撃力増大にもっぱら集中する代わりに、今や戦術指官は戦闘艦隊を以前は注目にも値しなかった小艦艇群あるいは巡洋艦から防護することについて思い悩まなければいけなくなった。コーベットは次のように嘆いている。「海軍戦術のすべては以前の経験を超越する革命の影響を受け、昔の慣習がもはや安全な指針ではない可能性がある」。最良の戦略家たちにできたのは、歴史から可能な限りこつこつと教訓を集めながら、黒ずんだガラスを通じて未来を洞察することだった。きちんと定義された業務分担が帆走海軍の働きの特徴であったが、コーベットは業務分担のない「無構成の艦隊」を予言したのだ*75。

そういうわけで、極めて強力な力を与えられた小艦艇群と巡洋艦部隊は、コーベットとマハンの時代に世界をひっくり返したのだが、それ以来ずっと天地は逆さまになったままだ。どちらかといえば、革命はさらにさらに進展してきた。たとえ中国の双胴船である「022型ミサイル艇」（紅稗型）やスウェーデンの「ヴィスビュー」（Visby）級コルベットのような小型の艦艇であっても対艦ミサイル――コーベットを悩ませた初期の魚雷のハイテクな子孫――の形で強打を浴びせることができる。イランのイスラム革命防衛隊はペルシャ湾の狭隘な海域で徘徊する高速艇を駆使して大きな成果を得ている。小艦艇群の小型艇から発射される一発のミサイルは、一隻の巡洋艦あるいは駆逐艦が発射した一発のミサイルと同じ被害を与えることができる。この長射程精密誘導打撃兵器の時代では、小艦艇群には船以外のものも加わっているかもしれない。ある沿岸砲台は海上数十海里あるいは数百海里先にミサイルを送り込み、自らの火力を艦隊に加えることができるだろう。同じように、軍用機は陸上の飛行場から飛行することができる。そして無人機にも同じことができる。これが「接近拒否」（access denial）と「領域拒否」（area denial）手法の真髄である。域内の防御側の国家はこの能力をさらに展開して彼等の沿岸から敵海軍を払いのけようとしている（第3章は接近拒否の概念について相当詳しく復習している）。

今のところまだ、艦隊の設計に対するこの取り組みにも価値はある。コーベットの整然とした艦級別の業務分担は、崩れ去ってしまったかもしれないが、機能――戦闘、警察任務、行政事務――は残っている。彼の艦隊分類法は一世紀に及ぶ技術の進歩が物事の秩序に根本的な影響を与えた現在でも、艦隊と艦船の設計について明快な指針を提供している。

艦隊の「設計」の話はここまでにしておこう。では、艦隊が最も有利になるためにはどのように「展開」されるべきか？　学者と実践者たちは昔から、マハンを「絶対に艦隊を分割するな」という指示をしたことで非難してきた。しかし、マハンはそのようなことを述べたことなど無いのだ。そのような格言は、彼が海軍の指揮官たちやその政治指導者に提示した、見かけよりはるかにニュアンスを含んだ助言を戯画化したものだ*76。彼はどうやって艦隊および分遣艦隊の大きさを決めるかを説明している。「総括的ないい方だが」分遣隊は「遠洋航海に耐え、会戦する恐れのある最大の艦隊と戦って十分勝算があるだけ強大でなければならない」と彼は熱弁をふるっている*77。

彼は言葉をケチるという評判は得ていなかったが、この簡潔な一節は洞察力に富んでいる。彼の言葉を分析するのだ。この一節は海での戦闘の物質的次元と、艦船と火力の集中および蓋然性とリスクの管理さらには地政学の問題を結びつけている。第一に、彼はそれによって指揮官が科学的正確さでどのような型の艦船を何隻、特定の艦隊に割り当てるかを計算するいくつかのアルゴリズムではなく、一つの「総括的な」公式にまとめた。戦争はやるべきことをやり抜くと決意した敵対者間の、相互に作用する意志の衝突である。彼等は敵を打倒するために、創意工夫し、手持ちの資源を展開する。結果として生じる混乱した環境は、敵味方の能力についての正確な計算を平然と無視する。指揮官たちは艦隊の規模と戦力をそれが直面する要求にあわせて正確に調整することはできない。常に能率が関心事となるが、それを最優先の関心事とすることはできないのだ。

第二に、マハンは戦闘という審判を受けるためには艦隊は「十分に強大」でなければならないと述べた。どうしたら指揮官は、何が彼の艦隊を敵と比較して十分に強大にすると判断できるのか？　艦隊の規模とパワーを意味する共通の指標には注意が必要だ。トン数、艦艇の数その他の単純な測定基準に対する過度の信用は、全体図を歪める可能性がある。トン数は、ある艦隊が他の艦隊より排水量に換算して重いということだけで、戦闘力で上回ることではないということを意味する。統計的データは無意味ではない——より大きな船はより多くの燃料、武器および物資を運ぶことができる——しかし、トン数それ自身が明らかにすることはほとんど無い。同様に船の隻数だけ見ても艦隊の戦闘能力はほとんど判らない。結局のところ、航空母艦も一隻と勘定されるし、ちっぽけな哨戒艇も一隻と勘定される。ある艦隊の戦闘準備の完了状態を評価する、信用できる唯一の評価尺度などないのだ。このように、戦力の「全ての」指標を因数分解して、予想される戦場で各艦隊が指向することができる火力を評価するための代用品はない*78。そしてその時でさえ、推測が大半を占める可能性があるだろう。これが海戦の実状なのだ。

第三に、その艦隊は「十分な勝算」をもって遭遇が予想される「最大の艦隊」に匹敵する形に編成する必要がある。マハンは指揮官に優越は相対的なものであり、絶対的ではないと思い起こさせている。自らの能力と限界に関する率直さは良いことであり称賛に値する。しかし、敵の能力と限界についての合理的な評価は、現実的なシナリオにおいて根拠のあるパワーバラ

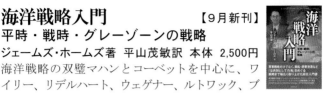

ンスを予想するためには絶対に必要である。これは単に海軍同士の艦隊の力を比較するのみならず、海軍、地上軍〔陸軍と海兵隊〕、空軍の各抗争者が海図上の特定の場所に集中することができる、陸海空の統合された力を比較することを意味する。これこそがマハンの戦場における「最大の艦隊」である。そのような広い視野は同時に、指揮官がリスク――マハンの「十分な勝算」――を管理し、艦隊の規模をあれこれ調節することでどのくらい賭金を積み上げられるのかを決める一助となる。

そして第四に、指揮官たちは彼等が対決することが「予想される」敵がどのぐらい強力なのか判断しなければならない。これは単に物理的な力を計る問題ではなく、政治的かつ戦略的な問題である。突き詰めれば、戦略とは優先順位を評価して主張することだ。ある国が特定の戦域で危険にさらす軍事力の大きさは、その戦域にある政治的および戦略的目的をどの程度重視しているか次第である。加えて、それは地図上の他の場所で支持するつもりの、競合する関与によっても変化する。今日の米国あるいは帝国絶頂期の英国のような世界大国は、特定の複数地域にある目標を深く気にかけているので、その他の関与と国益を危うくする覚悟を固めない限り、一つの取り組みにその資源の全てを使用することはできない。他の国益がほとんどなければ、そのような出費やリスクも正当化される。しかし、国家指導者は通常、できるだけ多くの関与を持ち続けることを試みる。それは資源を分割する――一つ一つの関与を守るために全兵力を分割して割り当てるのだ。

現地の敵戦力の近くに姿を現す可能性の高い分派兵力を見積もることは、敵艦隊の規模と種類を考えるための物差しを与える。マハンの生前、〔米海軍の〕仮想敵は英国海軍であったが、英国海軍には管理すべき世界帝国があった。君主または議会がインドあるいはアフリカといった場所におけるイギリスの帝国主義的な占有地や国益を危険にさらす覚悟を決めない限り、英国は海軍の大艦隊をどこかの不測の事態、例えばカリブ海に投入することができない。彼等が投入する用意があるかもしれない分派兵力は、マハンに米海軍の妥当性を測る基準を示した。彼は二〇隻の戦艦からなる米海軍艦隊は、戦闘で遭遇する可能性が最も高いイギリス派遣部隊と戦っても、合理的に成功する見込みが十分にあると計算した。

これは米海軍を全艦艇数では英海軍に対してはるかに劣勢だが、アメリカ人が最も大事にしている海域では局地的に優越になるのに十分な強さだった。それで十分だったのだ。マハンは「戦闘の決定的な瞬間における圧倒的な局地的優越は、軍事術の至高の目的であり、戦術および戦略においても同様である」と主張している*79。米国は海洋環境において重要な場所と重要な時に圧倒的な局地的優越を達成することができたが、無制限の軍備競争で英海軍より多数の艦艇を建造すること抜きに海洋における目的を達成したのだ。米国政府は局地的には優越を獲得しながら、全世界的には劣勢を受け入れることができたのである。

戦略的な計算に基づくこの洗練されたアプローチは「絶対に艦隊を分割するな」とは似ても似つかないものだ。一方でマハンは、戦時にある分遣艦隊が困難に陥った時に、他の分遣艦隊がこれを相互支援することができなくなるような、海軍の戦略的な分割には大きな懸念を表明した。大西洋艦隊と太平洋艦隊の創設は、米海軍を両大洋において日本あるいはドイツのような挑戦者に対して劣勢に立たせることになりかねず――両艦隊を大敗北にさらしかねないと彼は警告を発した。海軍を分割して断片的に全てを失う危険を犯すよりも、一方の沿岸地方を無防備にして一方の大洋で優勢な艦隊を維持する方が良いと彼は考えたのだ。

この大局観は一九〇四年から一九〇五年に行われた日露戦争において大日本帝国海軍がロシア海軍を各個撃破してくのをマハンが恐怖と共に見つめていた理由である。ロシアは自らの海軍をバルト海、黒海および太平洋に分割していた。日本の連合艦隊はロシア太平洋艦隊の主力を一九〇四年八月に黄海において撃破し（ウラジオストクを母港とする巡洋艦戦隊は破壊を免れた）、その後向きを変えて、ロシア政府がロシアの海軍力を再建するためにこの海域に派遣したバルチック艦隊を一九〇五年五月に撃滅した。マハンはロシアによる戦役の指揮要領を、海洋戦略を取り扱う上でしてはならない悪い例として指摘した＊80。相手より強かった競争相手は、戦略的に無分別であったために敗北した。アメリカの海軍は、ロシアの運命を避けなければならない。

上手くやれば、地域の国家が世界大国や域内大国に対して全体としては劣勢なのに、自国の沖合に限れば支配権を押しつけることも可能である。実際、それは望ましい国政術なのである。そのような競争相手は過度に軍事力へと投資することはない。それは国家の資源を管理して、さらに政治的および戦略的目的を達成する。第一次世界大戦になるまで、米国が「比肩するもののない海軍」の必要性に目覚めることはなかった。第二次世界大戦まで米国が艦船を大量に建造し、各大洋において予想される敵より優勢な自己完結した海軍を事実上配備することはなかったのである。しかし、米海軍はアメリカの海域をおおむね一九〇〇年以降支配してきた。米海軍は過剰な能力とはならない必要十分な戦闘能力を展開したのだ。

海に対する戦略的意志

防衛、流通および消費の基礎を組み立てて、安全に好循環を生み出すことを保証するために守護者を展開する手順はここまでにしよう。国家の意思力は海における力の循環を始動させ、動かし続けるものである。そして戦略的意志は海洋戦略にエネルギーを供給する。それは大衆、政府および軍を結集し、海洋における国家の天命のために目的意識と熱意を与える。決意は海洋戦略に進むべき方向と勢いとを授け――無限の未来へ海洋循環を推進する手助けをする。

シーパワーの異なる概念へのちょっとした寄り道は、時間を費やす価値がある。第一次世界大戦中にドイツの大洋艦隊で巡洋艦の艦長であったウォルフガング・ウェゲナー提督によれば、シーパワーとは「戦略的位置」と艦隊および海への「戦略的意志」の産物である。戦略的意志とは我々の諸目的にとって重要な構成要素である。一見したところでは、ウェゲナーは戦略的意志力あるいは決意の現れとしての人間的要素を補助的な地位に格下げしたように思われる。彼は「二つのものがシーパワーを生み出している」すなわち「艦隊と戦略的地位である。別々ではなく、連携することだけでしかこれらはシーパワーを構成できない。シーパワーの二つの構成要素について、一つ――艦隊――は戦術的要因であり、他方――戦略的位置――は地理的な要因である」と主張している＊81。

「戦略的位置」という用語を使って、ウェゲナーは重要な交易路の近くに設置された海軍基地のことを述べている。戦略的に設置された根拠地から、軍艦は海上交通路を管制して、輸出と輸入の自由な流れは保証しながら、同時に戦時には敵の自由を拒否することができる。マハン同様、ウェゲナーにとっても通商が最も大事なのである。通商的な動機は海洋国家に対して、受け入れ国との基地設置の権利交渉を通じて前方基地を手に入れたり、あるいは征服したりするきっかけを与える。同様に、艦隊は指揮官が戦い、勝利し、通商を支配するために使いこなす戦術的な手段である。

しかしながら、ウェゲナーは地理と艦隊は相互に独立しているという驚くべき主張をしている。戦術は海に関することであるのに対し、戦略は陸に関連していると彼は述べている。「海では……戦術はその場の海次第であり、戦略はそこの陸地に対する艦隊の地理的位置次第である」＊82。そして、陸軍の戦略は戦争の勃発とともに始まるが、「海軍の戦略は平時に、戦術とは完全に別々に始まる。その結果、海軍戦略は厳密には軍事問題ではなく、むしろ兵士と政治家のための平時のそして戦時における共通の問題なのである」＊83。

海洋戦略は海と陸の領域にまたがり、平時にも戦時も同じように政府と社会を駆り立てなければならない。このため、外交官と上級指揮官たちは戦略的位置の探求に艦隊を送り出すために一体となって働き、その通商的および地理的な目的地に向けて艦隊の前進を監督しなければならない。「仮に陸軍と海軍が戦時統合作戦計画のおかげで戦友なのだとしたら、海軍と外務省は平時にシーパワーを向上させる戦略を共に追求するので、双子の兄弟でなければならない。外交政策を海軍に堅く結びつける絆は、シーパワーに対する戦略的意志なのだ」＊[84]。手短に言えば、人間の力の源泉——創意工夫、先見性、競争本能——が艦隊を地理的目的地に結びつける。ウェゲナーは彼のシーパワーの公式の中で戦略的意志を三番目の要因として指摘しただけでなく、これを支配的な要因と見なしたように思われる。彼は一九世紀の哲学者フリードリッヒ・ニーチェ（Friedrich Nietzsche）により明言されたキャッチフレーズ——「パワー（権力）への意志」——を海洋戦略に適用したのだ＊[85]。

ウェゲナーはさらに続けて述べている。「世界大国とシーパワー、国際政治、海洋戦略は統一体である。なぜなら、これらの目的と影響は同じ源、すなわち『戦略的意志』から流れ出している。戦略的意志とは海へと向けられたパワーへの意志以外の何物でもない。戦略的意志を欠いた国家は、シーパワーへの意志を欠くことになるだろう」。戦略的意志は「戦略的な作戦計画を通じて機能し、戦術的な艦隊を戦略的な位置へ導く。戦略的意志は艦隊に生命を吹き込む」（強調は著者）＊[86]。パワーへの意志がなければ、たとえ建造されたにしても艦隊は命を奪われた集合体にすぎない。そのような艦隊はいかなる勝利も収めず、国家の戦略的位置を改善するためになにもしない。それは無力である。

マハンは国家の性格の重要性について、これをシーパワーの決定要素とみなして、心に訴える解説を述べている。彼の概念はどちらかと言えば固定的である。ウェゲナーはマハンの一歩先を行き、国家の性格が戦略的意志力の中にはっきり示されるということを示している。それは海へと向かう単なる必要条件以上のものだ。それは海へと向かう探求の旅に命を吹き込み、船乗りをさらに先へと駆り立てる最も重要な力である。同時に戦略的意志は、海洋交易、通商、軍事力の好循環が失速しないように、政策と戦略の立案者および執行者からの持続的な指導を必要とするだろう。

これがドイツ帝国に足りなかったところだ。数世紀の間の大陸での戦争がドイツ人の精神に軍事問題に関する固有の思考法を刻み込んできた――陸上戦に関する概念を海に導入することで、海洋交易と戦力投射《パワープロジェクション》に向けられた海洋帝国のための戦略的位置の重要性をドイツ人の目から見えなくした。ウェゲナーはこれを何度も慨嘆している。ドイツにおける海洋に向かう伝統の欠如ゆえに、艦隊とその政治指導者は英国とその海軍のような形で敵と戦い抜く傾向がほとんどなかった。要するに、ドイツ人は公海で目の前の敵に打ち勝つために必要な熱意が欠落していた。

大衆の感情を奮起させ維持させせることは、当時、シーパワーにむけた国家の努力の中核だった。海洋戦略の社会的および文化的次元を管理することは外交、経済および軍事手段の実行者と政治家に対して第一級の挑戦を突きつける。大衆に元々備わっている競争心旺盛な激情――高い地位にある人によって点火され、油を注がれ、そして火の番をされた――がなければ、海を志向した事業に乗り出すときに、社会は乏しい展望しか見通せない。政治的および戦略的指導者は、文化は鍛えることができるということを心に留めておくべきだ。海を志向する努力を主張するようなストーリーを国が語り、そこに影響を及ぼしながら、国家のアイデンティティを刻み込むことは可能である＊87。目に見える利益だけでなく国家の運命から見て海洋戦略を組み立てることができるカリスマ性を持つ指導者は、海への戦略的意志を呼び集める都合の良い立場にある。もし、彼等がそうするなら、その国家はその海洋戦略の狙いを達成するだろう。

註

＊1 Alfred Thayer Mahan, *The Influence of Sea Power upon History 1660-1783* (1890; repr., New York: Dover, 1987), 70-71.［アルフレッド・T・マハン著、北村謙一訳『マハン海上権力史論』原書房、二〇〇八年、九八～一〇一頁］

＊2 Mahan, 70-71.［マハン著『海上権力史論』九九～一〇一頁］

＊3 "MCPON Visits United States Naval Academy," U.S. Navy Website, March 1, 2012, http://www.navy.mil/submit/display.asp?story_id=65648.

＊4 Mahan, *Influence of Sea Power upon History*, 28.［マハン著『海上権力史論』四六頁］

＊5 Mahan, 28.［マハン著『海上権力史論』四六頁］

＊6 Jean-Paul Rodrigue, "The Geography of Global Supply Chains," *Journal of Supply Chain Management* 48, no. 3 (July 2012): 15-23. 以下も参照。John-Paul Rodrigue, ed., *The Geography of Transport Systems*, 4th ed. (London: Routledge, 2017).

＊7 二〇一八年七月三一日の著者とジーン＝ポール・ロドリクの交換書簡によると、ロドリクはマハンの著作についてよく知らないと述べているので、これは明らかに二人の心がそれと知らずに並走していた事例である。

＊8　Edward N. Luttwak, "From Geopolitics to Geoeconomics: Logic of Conflict, Grammar of Commerce," *National Interest* 20 (Summer 1990): 17-23.

＊9　さらに詳細に知りたい場合は以下を参照。Toshi Yoshihara and James R. Holmes, *Red Star over the Pacific: China's Rise and the Challenge to U.S. Military Strategy*, 2nd ed. (Annapolis, Md.: Naval Institute Press, 2018), 特に第2章 "Economic Geography of Chinese Sea Power."

＊10　Yoshihara and Holmes, 特に第3章 "Strategic Geography of Chinese Sea Power."

＊11　Bradley A. Fiske, *The Navy as a Fighting Machine*, intro. Wayne P. Hughes Jr. (1916; repr., Annapolis, Md.: Naval Institute Press, 1988), 268.

＊12　George W. Baer, *One Hundred Years of Sea Power: The U.S. Navy, 1890-1990* (Stanford, Calif: Stanford University Press, 1994), 236.

＊13　Fiske, *Navy as a Fighting Machine*, 269.

＊14　駆逐艦母艦は全艦除籍されたが、潜水艦母艦は二隻が現役にとどまっている。"United States Navy Fact File: Submarine Tender (AS)," U.S. Navy Web site, November 20, 2018, https://www.navy.mil/navydata/fact_display.asp?cid=4625&tid=300&ct=4.

＊15　Franklin D. Roosevelt, "February 23, 1942: Fireside Chat 20: On the Progress of the War," University of Virginia Miller Center Web site, accessed July 21, 2018, https://millercenter.org/the-presidency/presidential-speeches/february-23-1942-fire-side-chat-20-progress-war.

＊16　Nicholas J. Spykman, *The Geography of the Peace*, ed. Helen R. Nicholl, intro. Frederick Sherwood Dunn (New York: Harcourt, Brace, 1943), 8-18. ［ニコラス・J・スパイクマン著、奥山

真司訳『平和の地政学：アメリカ世界戦略の原点』芙蓉書房出版、二〇〇八年、四四～六二頁〕

＊17 Alan K. Henrikson, "The Geographical 'Mental Maps' of American Foreign Policy Makers," *International Political Science Review* 1, no. 4 (1980): 498.

＊18 Alan K. Henrikson, "The Map as an 'Idea': The Role of Cartographic Imagery during the Second World War," *American Cartographer* 2, no. 1 (1975): 19-53.

＊19 Henrikson, "Geographical 'Mental Maps,'" 498-499.

＊20 Henrikson, 498.

＊21 C. Raja Mohan, "India and the Balance of Power," *Foreign Affairs*, July/August 2006, https://www.foreignaffairs.com/articles/asia/2006-07-01/india-and -balance-power.

＊22 Yoshihara and Holmes, *Red Star over the Pacific*, 特に第2章と第3章を参照。

＊23 J. C. Wylie, *Military Strategy: A General Theory of Power Control* (1967; repr., Annapolis, Md.: Naval Institute Press, 1989), 32-48. 〔J・C・ワイリー著、奥山真司訳『戦略論の原点』芙蓉書房出版、二〇一〇年、三三～六一頁〕

＊24 Henrikson, "The Map as an 'Idea,'" 19.

＊25 Hillary Clinton, "America's Pacific Century," *Foreign Policy*, October 11, 2011, https://foreignpolicy.com/2011/10/11/americas-pacific-century/; U.S. Department of Defense, *Sustaining Global Leadership: Priorities for 21st Century Defense*, January 2012, https://archive.defense.gov/news/Defense_Strategic _Guidance.pdf; and Yuki Tatsumi, Ely Ratner, Shogo Suzuki, Edward Luttwak, Wu Jianmin, and Daniel Blumenthal, "Pivot to Asia: 'Why Keep up the Charade?'" *Foreign Policy*, April 22, 2014, https://foreignpolicy.com/2014/04/22/pivot-toasia-why-keep-up-the-charade/.

＊26 Spykman, *Geography of the Peace*, 16. ［スパイクマン著『平和の地政学』一八頁］

＊27 Darrell Huff, *How to Lie with Statistics* (New York: Norton, 1954). ［ダレル・ハフ著、高木秀玄訳『統計でウソをつく法』講談社、一九六八年］

＊28 Alfred Thayer Mahan, *Naval Strategy Compared and Contrasted with the Principles and Practice of Military Operations on Land* (Boston: Little, Brown, 1911), 319. ［アルフレッド・T・マハン著、井伊順彦訳『マハン海軍戦略』原書房、二〇〇五年、二九〇頁］

＊29 John R. Elwood, "Dennis Hart Mahan (1802-1871) and His Influence on West Point," December 6, 1995, West Point Web site, http://digital-library.usma.edu/cdm/ref/collection/p16919coll1/id/20.

＊30 Mahan, *Naval Strategy*, 107. ［マハン著『海軍戦略』一〇二頁］

＊31 例えば以下を参照。Brian R. Sullivan, "Mahan's Blindness and Brilliance," *Joint Force Quarterly* 21 (Spring 1999): 115; and J. Mohan Malik, "The Evolution of Strategic Thought," in *Contemporary Security and Strategy*, ed. Craig A. Snyder (New York: Routledge, 1999), 36.

＊32 Christopher Bassford, "Jomini and Clausewitz: Their Interaction," この論文の要約版が一九九三年二月二六日にアトランタのジョージア州立大学で開催された欧州革命期学会（Consortium on Revolutionary Europe）の第二三回大会で発表された。https://www.clausewitz.com/readings/Bassford/Jomini/JOMINIX.htm.

＊33 ［リムランドは］「ハートランド」あるいは大陸の内陸部と海との間の中間地帯を指すスパイクマンの用語である。北アメリカに対して脅威を及ぼす敵対大国あるいは連合の台頭を防ぐために、リムラ

ンドにおける出来事をコントロールすることは、政府当局者及び地政学専門家にとって、米西戦争以降、米国が世界政治からの隠遁状態より抜け出すにつれ、変わることのない関心事となった。

＊34 Michael J. Green, *By More Than Providence: Grand Strategy and American Power in the Asia Pacific Since 1783* (New York: Columbia University Press, 2017), 87.

＊35 Mahan, *Influence of Sea Power upon History*, 83.［マハン著『海上権力史論』一一八頁］

＊36 "Treaty of Peace between the United States and Spain; December 10, 1898," Yale University Avalon Project Web site, accessed July 21, 2018, http://avalon.law.yale.edu/19th_century/sp1898.asp.

＊37 Samuel Flagg Bemis, *A Diplomatic History of the United States* (New York: Henry Holt, 1942), 399, 461-462.

＊38 Bemis, 508-511.

＊39 Alfred Thayer Mahan, *The Gulf and Inland Waters* (New York: Scribner, 1883), esp. 1-8; and Philip A. Crowl, "Alfred Thayer Mahan: The Naval Historian," in *Makers of Modern Strategy from Machiavelli to the Nuclear Age*, ed. Peter Paret (Princeton, N.J.: Princeton University Press, 1986), 446.［フィリップ・A・クロール著「海戦史研究家アルフレッド・T・マハン」ピーター・パレット編、防衛大学校戦争・戦略の変遷研究会訳『現代戦略思想の系譜：マキャヴェリから核時代まで』ダイヤモンド社、一九八九年、三九三頁］

＊40 Elting Morison, ed., *Letters of Theodore Roosevelt*, vol. 2 (Cambridge, Mass.: Harvard University Press, 1951), 1276-1278.

＊41 Alfred Thayer Mahan, *The Interest of America in Sea Power, Present and Future* (Boston:

Little, Brown, 1897), 39-40.〔アルフレッド・T・マハン著、麻田貞雄訳「ハワイとわが海上権力の将来」『マハン海上権力論集』講談社学術文庫、二〇一〇年、一二五頁〕

*42 Mahan, 39-40.〔マハン著『マハン海上権力論集』一二五頁〕

*43 Mahan, *Naval Strategy*, 132.〔マハン著『海軍戦略』一二四頁〕

*44 Mahan, 346.〔マハン著『海軍戦略』三一四頁〕

*45 Mahan, *Interest of America in Sea Power*, 41.〔マハン著『マハン海上権力論集』一二五頁〕

*46 Mahan, 41.〔マハン著『マハン海上権力論集』一二六頁〕

*47 Mahan, 42-45.〔マハン著『マハン海上権力論集』一二七〜一三三頁〕

*48 Mahan, Naval Strategy, 111.〔マハン著『海軍戦略』一〇五頁〕

*49 Alfred Thayer Mahan, "The Isthmus and Sea Power," in Mahan, *Interest of America in Sea Power*, 65-68.

*50 "From the King," letter from George III to Lord Sandwich, September 13, 1779, in *The Private Papers of John, Earl of Sandwich*, ed. G. R. Barnes and J. H. Owen, vol. 3 (London: Navy Records Society, 1936), 163-164.

*51 Mahan, "Isthmus and Sea Power," 67-68.

*52 Mahan, 78-83.

*53 スパイクマンはカリブ海と地中海の関係を明確に言及した。Nicholas J. Spykman, *America's Strategy in World Politics: The United States and the Balance of Power* (Piscataway: Transaction, 1942), 43-95.〔ニコラス・スパイクマン著、渡邉公太訳『スパイクマン地政学』二〇一七年、芙蓉書房出版、五三〜八〇頁〕

＊54 Howard K. Beale, *Theodore Roosevelt and the Rise of America to World Power* (Baltimore: Johns Hopkins University Press, 1956).

＊55 Spykman, *Geography of the Peace*, 23-24. ［スパイクマン著『平和の地政学』七一頁］

＊56 Spykman, 23-24. ［スパイクマン著『平和の地政学』七一頁］

＊57 Mahan, *Interest of America in Sea Power*, 275, 380.

＊58 Bemis, *Diplomatic History of the United States*, 511.

＊59 Mahan, *Naval Strategy*, 380-382. ［マハン著『海軍戦略』三四四～三四六頁］

＊60 Mahan, 380-382. ［マハン著『海軍戦略』三四四～三四六頁］

＊61 Mahan, *Interest of America in Sea Power*, 288-392.

＊62 Mahan, *Influence of Sea Power upon History*, 539. ［マハン著『海上権力史論』三二七頁］

＊63 Mahan, 539. ［マハン著『海上権力史論』三二七頁］
専門的な解説者であっても、マハンが通商破壊戦に絶対的に断固として反対していたと主張するのが通例となっている。彼はこの批判を『海上権力史論』の最終ページの脚注に書き残しているのだが、〔通商破壊は〕それだけでは戦争に勝つ戦略とはならないものの、重要であるとマハンが認めていたことを指摘することは価値があるだろう。

＊64 南部連合による通商破壊の詳細については以下を参照。Tom Chaffin, *Sea of Gray: The Around-the-World Odyssey of the Confederate Raider Shenandoah* (New York: Hill & Wang, 2006).

＊65 Craig Symonds, *World War II at Sea* (Oxford: Oxford University Press, 2018), 593-594; and James R. Holmes, "Where Have All the Mush Mortons Gone?" U.S. Naval Institute *Proceedings* 135, no. 6 (June 2009): 58-63.

＊66 Stephen Rosen, *Winning the Next War: Innovation and the Modern Military* (Ithaca, N.Y.: Cornell University Press, 1991), 130-147.

＊67 Garrett Mattingly, *The Armada* (Boston: Houghton Mifflin, 1959), xiv-xvi. 以下も参照。"The Course of the Armada and Events in the Channel," BBC Web site, accessed July 23, 2018, https://www.bbc.com/education/guides/ z2hbtv4/revision/2.

＊68 "U.S.-Flag Vessels-MARAD-Maritime Administration," March 20, 2017, Maritime Administration Web site, https://www.maritime.dot.gov/sites/marad.dot.gov/files/docs/commercial-sealift/2846/dsusflag-fleet20180301.pdf.

＊69 Mahan, *Interest of America in Sea Power*, 198. ［マハン著「海戦軍備充実論」『マハン海上権力論集』二〇七頁］

＊70 例えば以下を参照。Mick Ryan, *Human-Machine Teaming for Future Ground Forces* (Washington, DC: Center for Strategic and Budgetary Assessments, 2018), https://csbaonline.org/uploads/documents/Human_Machine_Teaming_FinalFormat.pdf.

＊71 Julian S. Corbett, *Some Principles of Maritime Strategy* (1911; repr., Annapolis, Md.: Naval Institute Press, 1988), 107. ［ジュリアン・スタフォード・コーベット著、矢吹啓訳『コーベット海洋戦略の諸原則』原書房、二〇一六年、一八二頁］

＊72 Corbett, 107. ［コーベット著『海洋戦略の諸原則』一八二～一八三頁］

＊73 Corbett, 115. ［コーベット著『海洋戦略の諸原則』一九二頁］

＊74 Corbett, 114. ［コーベット著『海洋戦略の諸原則』一九一～一九二頁］

＊75 Corbett, 124, 126. ［コーベット著『海洋戦略の諸原則』二〇五、二〇八頁］

*76 James R. Holmes and Toshi Yoshihara, "Garbage In, Garbage Out," *Diplomat*, January 6, 2011, https://thediplomat.com/2011/01/garbage-in-garbage-out/.

*77 Mahan, *Interest of America in Sea Power*, 198. ［マハン著「海戦軍備充実論」『マハン海上権力論集』二〇八頁］

*78 詳細については以下を参照。James R. Holmes and Toshi Yoshihara, "When Comparing Navies, Measure Strength, Not Size," *Global Asia* 5, no. 4 (Winter 2010): 26-31.

*79 Alfred Thayer Mahan, *Retrospect & Prospect: Studies in International Relations*, Naval and Political (Boston: Little, Brown, 1902), 164.

*80 Alfred Thayer Mahan, "Retrospect upon the War between Japan and Russia," in *Naval Administration and Warfare* (Boston: Little, Brown, 1918), 133-173.

*81 Wolfgang Wegener, *The Naval Strategy of the World War* (1929; repr., Annapolis, Md.: Naval Institute Press, 1989), 96-97.

*82 Wegener, 103.

*83 Wegener, 103.

*84 Wegener, 104.

*85 Friedrich Nietzsche, *The Will to Power*, trans. R. Kevin Hill and Michael A. Scarpitti (New York: Penguin, 2017).

*86 Wegener, 97, 107.

*87 James R. Holmes, "China Fashions a Maritime Identity," *Issues & Studies* 42, no. 3 (September 2006): 87-128.

第3章 ❖ 海軍はなにをするのか

シーパワーを作り出して循環させることから、次に我々は海軍がいかにして、彼らに託された作戦的、戦略的、政治的な目的を推進するのかという実際的側面に取り組む。軍は全ての船乗りにおなじみのこと、たとえば艦船建造計画を立案し管理するとともに、機材を使用し整備することで任務を遂行する。また、海軍の指導者は海上戦の人間的要素にも気を配らなければならない。ジョン・ボイド（John Boyd）米空軍大佐は、人間、アイディア、ハードウエアは、この順番で人間同士の争いにおける成功と失敗の重大な決定要因であることを今に伝えている*1。人間的な要素を活性化するためには、指導者は戦略的および作戦的な周辺環境に合致した文化と、軍を取り巻く変化に順応した文化を形作らねばならない。

そして周辺環境は変化するものなのだ。ルネッサンス期のフィレンツェの哲学者にして政治家であったニッコロ・マキャベリ（Niccolo Machiavelli）は、新たな国家や組織を創設することは、国政術の中でも最も手ごわい行為であると主張した*2。そのような国家あるいは組織の文化を不安定な時代に改革することは——特に組織に汚職がはびこり、浄化が必要な場合には——その組織を新編することの次に重要かつ困難な仕事となる。停滞は死に至るのに、人間と公共組織は変革を嫌う。彼らは変化を試練と考えるからだ*3。マキャベリは実際に、厳しい経験が他の道を探ることを強制するまで、過去にうまく行ったことを続けたがる頑固な傾向を持つ個人によって自然界は成り立っていると強調している。運不運の違いはあるが、彼らの針路は固定されたままである。すなわち船乗りは「ぶっ壊れてないんだったら、修理しようとするな」という古いことわざの信奉者なのだ。このことわざは、最も重要なマキャベリ的な真実——古くからのやり方が「ぶっ壊れ」ており、これを疑う余地のないやり方で現実が証明するまで、改革に取り組む人間などほとんどいないのだということを今に伝えている。

これは個人についての話だが、組織についても同じことが言える。組織とは賢人たちの知恵こそ影響するが、しょせんは個人の集まりに過ぎないのだ。組織は標準的な手順に基づき自らの役割を果たすが、彼らが好む決まり切った手順に合わせて停滞することを世界は拒む。この人間の本性と移り気な周辺環境の間の衝突は、指導者に標準的な業務手順を修正するか、大惨事に直面するかの選択を迫る。思考と行為のワンパターンを打破することに失敗したとき、破滅が待っている。その組織のあらゆる階層の指導者は、組織の運命について責任を持つと同時に、発展のための持続的な文化的改革に着手しなければならない。

戦略の不変性

もし、時代に乗り遅れないために組織の仕事の進め方を変え続けなければならないとしても、戦略の教義は不変である。海洋戦略とは、アクセスに関するもの、コントロールに関するものである。西ヨーロッパ、東アジアおよび南アジアのような重要な大陸周辺部《リムランド》への通商的、外交的および軍事的なアクセスを確保するために、海軍およびこれと連携する統合軍は物理的空間をコントロールする能力を作り上げなければならない。とりわけ、彼らは地理経済学における生産・流通・消費の連環のコントロールを主張しなければならない。地図上に置き換えると、コントロールは本国から始まる。海上軍事力は商品が船に積み込まれ、海上交通路へと運ばれる出発点となる沿岸部の経済中枢と港湾を防衛しなければならない。海軍と統合軍は海運の安全のために海洋公共財――生産者と消費者をつなぐ結合組織――を管理しなければならない。彼らは買い手へ商品を流通させるために貨物を荷揚げする海外の港湾へのアクセスを監督しなければならないのだ。

そして、これらすべてを行いながら、海上軍事力は力《パワー》と能力に関する自らのイメージを打ち出していかなければならない。彼らはその地域へのアクセスを許可あるいは保留できる関係者、あるいはアクセスを限定しあるいは拒否することができる関係者に対して強いインパクトを与えなければならない。他の者たちだって公共財や海外港湾へのアクセスにちょっかいを出してくるかもしれない。最も基本的でリアルな戦略的競争とは自分のやり方は押し通しながら、ライバルを蹴落とそうと決意を固めた競争相手がお互いに影響しあう意志の闘争である。戦略を立てる上で最も安全な仮定は、敵はこちらと同等以上の創意工夫の才と情熱を有しているというものである。相手は海洋戦略家が自らの意思を押し付けることができる覇気に欠ける集団などではないのだ。スポーツ用語に例えると、サンドバッグを叩いている孤独なボクサーよりも、戦略的優位をめぐってがっぷり組み合っている二人のレスラーの方が例えとしては適当である*4。

政治家にして学者のヘンリー・キッシンジャー（Henry Kissinger）の概念は、実務家がこの無秩序な状況の中でどうやって成功するのかを考える手助けとなる。キッシンジャーはどうやってある核保有国が他国を抑止するのかを記述しようとしたのだが、彼の概念は通常戦力による抑止手段や、敵への強制、あるいは同盟国および友好国への再保証にも同様に適用される。抑止とは、予期される敵対者に我々が禁止したい何かを行わないようにと納得させるプロセスである。敵のリーダーが従わなければ、我々は極端な何か――例えば核兵器の使用――をすると脅し、我々が禁ずることを彼らが行えば、我々は確実に自分たちの脅しを実行するということを納得させようと試みる。もし彼らにとって受け入れがたいペナルティやコストを課すという我々の脅しを相手が信じれば、抑止の論理により彼らは引き止められるだろう。

キッシンジャーは信頼醸成措置をシンプルなアルゴリズムにまとめている。「抑止とは力、これを使う意志、および潜在的な敵によるこれらの評価、これらすべての組み合わせである」と彼は述べている。彼は重要な結言も加えている。「抑止はこれらの要素の足し算ではなく掛け算である。もし要素が一つでもゼロであれば抑止は破綻する」*5。これは基本的な代数学だ。一つの変数あるいは複数の変数にとても小さな分数を掛けると、掛け算の答えはとても小さくなる。たとえ大きな数でも、ゼロを掛け合わせれば答えはゼロである。別の言い方をすると、世界中のすべての物理的な力も、もしその持ち主がこれを使う決意に欠けていればほとんど意味がない。もし敵が疑念を抱いているならば、どんなに恐れ知らずの意思力に支えられた圧倒的な力もほとんど意味がないのだ。

能力・決意・確信で構成される基本的な論理は、核抑止だけでなく通常抑止にも適用できる。特に長射程精密誘導兵器の時代にあっては、敵を打ち負かすか、敵が目的を達成する上で許容できないというレベルには達していなくても、膨大な代価を支払うことを強要するような通常兵器を使用すると脅すことは可能である。そのうえ、キッシンジャーの公式は抑止だけでなく強制にも適用される。強制には何もなければ敵が拒否したであろうことを、敵が行うように誘導するために脅しを使うことが含まれている（これに対して、抑止の目的は敵がやりたいと思っているかもしれない何かを自制するように、敵を納得させることである）。

そして彼の概念は再保証にも適用される。自らの力を他の者の力に加え合わせることは、暴虐な敵を屈服させる時や広大無辺な海洋公共財を監視する時に有効である。パートナー諸国がある国の能力と堅実さを信じているとき、同盟国や有志連合国の勧誘ははるかに容易となる。何らかの志に参加することを他の国に言葉で要請することが効果的でない場合は、説得力のあるやり方で力と決意を伝えることが政治的には安全である。力と決意を示すことができる国は、優柔不断あるいは無能なパートナー国によって、見捨てられる恐れを抱く必要がない。彼らはそれなりの成功の期待を抱きながら、価値ある試みに参画することができる。一言でいえば、キッシンジャーの公式は、定常的な同盟外交から高烈度《ハイエンド》の戦闘に至る海軍が果たすべきあらゆる任務に関する思考法を提供するのだ。

オーストラリアの海洋学者であるケン・ブース（Ken Booth）は、諸海軍が日々何をするのか、すなわち、海上における軍人職を研究する上で便利な方法を反映した三角形を示すことで、これを実用的なレベルで解明した。商品と人を輸送し、天然資源を採取し、外交あるいは軍事目的のために軍事力を投射するための媒体として海洋を利用するために、海洋国家は、外交機能、警察機能および軍事機能を実行する海軍を建設すると彼は述べている*6。本章ではブース教授の示した大枠に従い、これら三つの機能を順番に検証していく。また、警察機能と軍事機能の議論の間で、回り道をして、平時と戦時の間の「グレーゾーン」固有の「邪悪な問題」についても探求する。

外交的役割

海軍外交はブースの三角形の中で最も重要であり、さまざまな方法で政治的および戦略的目的を推進することができる。米国のような海洋大国の平時戦略はカール・フォン・クラウゼヴィッツが述べたところの「消極的意図」戦略である。消極的意図は現状維持を目的としている*7。この戦略を追求する大国は他国から何かを奪取しようという願望がない。そのような国は他国がなにかを奪い去ったりするのを防いだり、あるいは現状維持を損なうのを防ぎたいだけなのである。別の言葉でいえば、グローバルサプライチェーンのような既存の秩序の管理人は、他の国がチェーンを腐食させたり破断させたりするのを防止して、現在の秩序を維持しようとしているのだ。

平時には、海軍外交は消極的意図を推進する。米軍の組織の内部では、国力を外交（diplomatic）、情報（informational）、軍事（military）、経済（economic）の各手段――おなじみのＤＩＭＥ――の順に列記するのが一般的である。そうすることでこの四つの手段すべてが対等のものであることがほのめかされる。しかし、私はこれに異議を唱えたい。なぜなら、外交は他の手段の一段上に立ち、戦略的および政治的利益のために、その他の手段に仕事を割り振っているからだ。結局のところ、外交とは交渉なのである。国家指導者が他国の指導者と交渉する際に、その立場を強化しないのならば、国力のための道具に何の目的があるというのか？

このように、軍事機構と海軍機構は相対的な力と決意を明らかにするために存在している。戦時には交戦国は互いに殴り合う。武器を用いたメッセージの交換として、戦闘や交戦を考えてみよう。平時の競争相手の間では武力は行使しないが、もし平時の口論が殴り合いに発展したと仮定した場合には勝利を収める可能性が高い強力で有能な軍隊であるというイメージを投影しようとする。彼らは堂々とした印象を与えようとするのだ。もし政治指導者が、強い印象を与える軍事力を振りかざしながらも、友好的かつ率直な流儀でふるまうならば、同盟国や自らの大義に勧誘したい同盟国候補を勇気づけながら、潜在的な敵を屈服させるチャンスが大いにある。これが古典的なキッシンジャー的国政術である。

戦闘能力は、戦時に正面切って外交を支えるのと同じぐらいしっかりと、日常的な外交活動を下支えしている。これがセオドア・ルーズベルト大統領の「こん棒を携え、穏やかに話す」の意味するところである。彼はもし平和外交がうまくいかないときは自らの条件でけりをつけるための力を見せつけつつ、自らの支持者には臨機応変かつ誠実に振る舞うようにと語った。ルーズベルトは一九〇七年から一九〇九年にかけての米海軍戦艦艦隊の世界周航あるいは「グレート・ホワイト・フリート」を、「平和のために私が果たした最も重要な貢献」と大げさに宣伝した*8。グレート・ホワイト・フリートは南アメリカを周航しシドニーや横浜といった太平洋の港湾に向かったが、ルーズベルト大統領は極東で戦闘準備が整っていることを見せつけることで、アメリカの戦闘艦艇に対する日本の指導者の認識の誤解を解いたと述べている。一九〇五年に日本帝国海軍がバルチック艦隊にしたのと同じこと、すなわち敵艦隊が長期の航海の後で休養も十分な補給も修理もできずに戦場にようやくたどりついたところを叩きつぶすことが、米海軍相手にもできるという誤解を解いたと述べたのだ。彼はアメリカの国力と決意を日本人の目に誇示することで侵略を抑止したと信じたのである。

そのような武力外交の試みの根底にあるのは、ジョージ・S・パットン（George S. Patton）将軍が一九四四年に隷下の第三軍にあてておこなった有名な演説が伝えている真理である。彼は「人は勝者を愛し、敗者を認めない」と述べたのだ。別の言葉でいえば、第三者は二つの軍隊が争う構えを示したときには両者を比べて、戦闘が起こったならばどちらが勝者として浮上するかの最善の見積もりを立て、勝ちそうな側につくのだ。負ける側につく者などほとんどいないだろう。それは人間の本質に反しているのだ。さらにまずいことに、敗者の大義に自分自身を巻き込むことは、敗北の苦い果実を共有することを意味する。軍事的手段を効果的に活用する政治的および戦略的指導者は――そして、第三者の心の中に可能性の高い勝者として自分たちを位置づけることで――平時の戦略的競争で成功を収めるカギを手中にするのである。

戦略家たちは長い間、人間同士の競争においてどうやったら戦わずして勝てるのかという問題に取り組んできた。中国の将軍であった孫子（Sun Tzu）は、無血勝利を「最善の策」であると断言した*9。プロシアの軍人であり学者でもあったカール・フォン・クラウゼヴィッツ（Carl von Clausewitz）も、勝利を収めるために将軍は戦場で勝つ必要などないということを指摘し、これに合意している。ある軍隊は相手の意気をくじくことで、あるいは予想される戦場において、政治指導者や国民の大多数が喜んで支払う代価では勝つことができないと相手に信じ込ませることで、勝利することができる*10。勝利のチャンスが絶望的なのに戦う戦闘員などほとんどいない。あるいは、勝つことが可能であっても彼らが見込んだコストや危険が自分たちの目的に値しないときには、彼らは戦闘を放棄する。

これが戦略家のエドワード・ルトワック（Edward Luttwak）が海洋領域における「説得」と書き表したものだ。説得はキッシンジャー的傾向をもった用語だ。それは説得する人が行ってほしいことを他の者に納得させる方法、あるいは望ましくないと思われることを思いとどまらせるための方策を指している。冷戦末期に、ルトワックは『シーパワーの政治的用法』という表題のコンパクトな本を書いた。これは海軍外交の実践者や学生にとっての必読書である。ヘンリー・キッシンジャーは、敵対者、同盟者、第三者の間で認識を共有することの重要性を強調しているが、ルトワックはこれを行うためにどうやって軍艦を使えばよいのかを説明している。『武力による説得』は、政治的あるいは戦術的なあらゆる反応を定義している。それはすべての参加者――同盟国、敵、あるいは中立国――によって引き起こされる、軍事力のあらゆる手段の存在、誇示、操作、象徴的な使用である。ただし、そのような反応が海軍を配備した側の入念な意図を反映しているか否かは問題ではない。『海軍による説得』は海に基盤を置いた、あるいは海に関係する軍事力により引き起こされる効果を指しているのだ」*11。これは内容の濃い一節だ。そして、ルトワックはその内容を詳細に補足している。第一に、海軍の展開は敵を抑止し、あるいは強制するために、または同盟国や友好国を勇気づけるために意図的に計画することができる。彼は「敵にダメージを与えるために用いることができる軍事力のあらゆる手段」あるいは「相手の行動の自由を物理的に制限すること」は「たとえ実際に武力が用いられなくても相手の行動、およびあらゆる第三者の行動に影響を及ぼす」と主張した*12。海軍を指揮する者は、目標とした相手から望ましい反応を引き出すことを期待して、自らの意図に沿った能力を展開して相手を刺激するのだ。

第二に、海軍の展開は「隠れた説得」効果を生み出すこともできる。現場にいる軍艦は、指揮官や高級官僚が艦艇の行動を公然と特定の政策、脅威の抑止、あるいは特定の約束に結びつけるかどうかにかかわらず影響力を及ぼす。ルトワックは冷戦の解説者は一般的に「平時のプレゼンス」任務と戦闘準備を区別していたと指摘しているが、これはいまでもそうである。しかし、彼にとってこれは誤った解釈である。目に見える戦闘能力がなければ、プレゼンスはほとんど役に立たない。ルトワックは効果を発揮するためには、展開された艦艇、軍用機および兵器は「潜在的な脅威または支援の源泉に見える」ことが必要であると主張した＊13。これらはキッシンジャー流の用語でも明らかにされていた能力である。

もし対象としている関係者が海軍の活動を実行可能な脅しまたは保証であると解釈するならば、「これは関係する軍部隊の手の届くところにあると考えた者の振る舞いに影響を及ぼす」。同時に、海軍のプレゼンスを独立した機能として論じるのも間違いである。その代わり現場における戦闘即応能力のプレゼンスは、「相手が認識した能力の活性化はいつでもできる上に、これらを用いる意図の明示は無言かつ即座に行うことが可能なので、敵の行動の自由に影響する影」を投げかける＊14。上級司令部からの命令で軍艦は平時のプレゼンスから戦闘モードへ瞬時に切り替わることができるだろう。周囲の観察者はこれを知っているのだ。軍艦は意図と決意を意味している。彼らはそのような影を投げかける――そして、平時における武力の誇示が印象的であればあるほど、影は長く暗くなるのだ。

ルトワックはこのように「『平時のプレゼンス』と『戦時の』戦闘能力の間に二項対立を作ることは誤解を招くし、戦争への移行の可能性が『まったく』ないのであれば、『プレゼンス』はほとんど効果を発揮できない」ということを発見している＊15。もし、関係者がある海軍が脅威や保証に基づいて行動しないか、行動できないということを知っているのであれば、それを深刻にとらえる理由などほとんどないということになる。キッシンジャー流の言葉でいえば、そのような状況では抑止、強制、再保証の値はゼロということになる。戦闘能力を伴わないのであれば海軍外交家の言葉には何の重みもないのだ。

　第三に、艦隊の移動は意図しない結果を生じることがある。ルトワックは「説得は他人の認識のフィルターを通してのみ作用できるので、説得の行使は結果として本質的に予想しがたい。脅威を与えることを意図していなかった定期的な艦隊の移動も、人から見れば脅しと受け取られることもありうる（なぜなら、脅威は軍そのものに潜在しているので）。一方で、意図的なものであってもそれとなく示された脅しは無視されるか、最悪の場合反対の反応を引き起こすかもしれない」と述べている（強調は原著者）＊16。戦略的競争は不完全な競争者同士を、優位をめぐる闘争で競わせるものである。そのような状況下では、さまざまな関係者の間に誤解、欺瞞《ぎまん》、あるいは全くの頑固さが生じる可能性が非常に高い。艦隊司令官や海軍の当局者は意図せずにそのような影を投げかけたり、影を投げかけようとして失敗したり、ある影を投げかけようとして別のものを投げつけてしまうかもしれない。

　それでは、認識をどうやって管理すればよいのか？　指導者からの巧妙な外交を通じて、艦船の動きが伝えるメッセージに注意を払わなければならない。「可能な限り最高の質の継続的な政治指針が、海軍の海外展開には極めて重要な要件である。つまり、現代の外洋艦隊は電子的なものと同様に政治的な『レーダー』を必要とするのだ」とルトワックは結論を下している。「艦隊から発せられる政治的な『放射』を監視し、調整するために、海軍司令部に政治顧問《アドバイザー》を配置するのと同時に、「第三者から見た艦隊への――その戦術的な配置並びに艦隊移動の根底にある政治的意図への――認識の極端な歪曲を修正」すべきである*17。政治顧問は対外公表されるメッセージを調整する手助けをし、聞き手がこちらの意図通りにそれを解釈する可能性を高めるのだ。

第四に、海軍の展開を政治的および戦略的文脈でとらえることが重要である。海軍の一体となった戦力が背後に控えている場合、個艦あるいは小規模の艦艇群を派遣しても強い政治的影響力を持つ。これを基にして「砲艦外交」という言葉が生まれた*18。小規模の編成であっても海軍全体の代理人として機能できるのだ。一隻の軽武装の哨戒艇、フリゲートあるいは沿岸域戦闘艦に、誰かを威圧することを期待する者はいない。リチャード・マッケンナ（Richard McKenna）の『砲艦サンパブロ』は小説ではあるが、外交任務を遂行している実際の砲艦を正確に描写している*19。実際、米海軍は米西戦争の戦利品として、スペインから数隻の老朽砲艦を獲得した。これらの砲艦は一九四一年まで揚子江を巡航し、戦闘力という視点ではほとんど感銘を与えなかった*20。しかしこれらの艦は、中国人が彼らを、アメリカ海軍を代表する魔よけの護符――別の言葉でいえばアメリカ海軍の総戦力のシンボルだとみなしていた間は、強い影響力を及ぼした。

もし、自分たちが従わなければ、その場に圧倒的な戦力が集中されることが確実だと観察者が確信しているならば、控えめな力の誇示であっても、対象とする人々を威圧できるかもしれない。これが本当に起こるのだと彼らに熱心に説いて回るのが、海軍外交官の仕事である。同時に、小規模な部隊は戦闘の道具であるのと同じぐらい、政治的関与のシンボルまたは象徴として機能する*21。もし必要とされれば、艦隊の主力艦が来援するという恐怖あるいは信頼を彼らは植えつける。同盟国や友好国を勇気づけ、敵を抑止しあるいは強制するのを助けながら、背後に控えているパワーがこのような無害な小船に影響力を吹き込むのだ。

第五に、対象としている人々は海軍の戦闘力を判断するのに不慣れかもしれないが、彼らの認識はそれでも価値がある。艦隊同士の平時の対立から、思い通りにならない結果が生じることもある。これは真の意味で認識をめぐる戦いなのだ。多くの傍観者がどちらの軍に信を置いたとしても、その意見が軍事的に道理にかなっているのかに関係なく、戦時に勝つと思われている側が平時にも勝利するとルトワックは断言している。ここで、敗者を嘆き勝者をひいきにするパットン将軍の論理が働くのだ。客観的に見て弱い競争者であっても、主観的な認識の戦いで勝利することができれば「勝つ」ことができる。

この現象は、部分的には戦争でハイテクが現在演じている役割が影響している。海軍問題で何が本当に役に立って何が役に立たないのか、最終的に外洋での戦闘という審判を受けるまで、外部の第三者から見ると武器システムは「ブラックボックス」であるとルトワックは述べている*22。ソフトウエア、ビッグデータおよびサイバー戦は海軍の作戦でさらに大きな重要性を帯びるようになってきており、そのプロセスには真の能力が隠れている。このため、たとえ専門家であっても、将来の敵の戦闘能力を計測することは困難であると感じている。

とはいうものの、艦艇、航空機、兵器の外観に由来する誤認識もあるかもしれない。部隊の戦闘力にはほとんど貢献しないのに、見た目におそろしい武器だって存在する。ルトワックはソビエト連邦海軍について指摘しているが、彼が本を執筆した一九七〇年代、ソビエト連邦は大艦隊を作り上げていた。多くの艦艇は西側海軍と比較すると技術的には遅れていたが、「外見上は」極めて堂々として見えた。これらの艦は大型で見かけは強そうで、センサーと武器がずらりと並んでいた。ソ連の艦艇は上甲板に巨大な発射筒に入った対艦ミサイルをこれ見よがしに並べており、あえて彼らに立ち向かう勇気のある相手を叩きのめす用意があるように見えた。これらの艦は「性的魅力《セックス・アピール》」にあふれていたのだ＊23。

これとは対照的に、一九八〇年代までに米海軍はミサイルを垂直発射セル——巡洋艦あるいは駆逐艦の主甲板に埋め込まれた発射筒に搭載するようになった。垂直発射セルは目立たない。それは甲板と同一平面上のパネルのように見えた。アメリカ側の兵器は外見上目につかないので、このため専門的な教育を受けていないものには外見上、強い印象を与えなかった。垂直発射システムは武器技術における飛躍的な進歩である。それにもかかわらず、ソ連の軍艦の誇る戦闘力は——部分的には——幻想なのに、認識面では彼らが優位に立っていた。

船乗りと彼らの政治指導者は、海軍外交のこのような様相に自らを調和させなければならない。外交的な大任には、外国の港を訪問して、上陸して、現地の有力者と会談するよりも明らかに重要なものがある。これは政治的プロセスであり、政治とは、認識と誤認、好機と不確実さ、予期されるあるいは予期せぬ結果に満ち満ちている。海洋戦略はアクセスについての術《アート》と科学《サイエンス》である。外交的アクセスは、外国のパートナーに海軍力による自由なアクセスを許すように説得し、これを制限しあるいは禁じようとするかもしれない者を屈服させることで、そのような目的を推進する。シーマンシップと戦術スキルおよび技術的スキルと並行して、海で暮らす者は自らの外交的手腕に磨きをかけることこそふさわしい。キッシンジャー、ルトワック、あるいはパットンであっても、船乗りがそのような問題を熟慮する手助けができるだろう。

警察的役割

ケン・ブースは、彼の示した海軍の諸機能の中で警察的機能を二番目に位置付けている。〔米国では〕すべてのパトカーの側面に描かれている「守り、奉仕する」という標語は、警察の責務の本質をとらえている。「守る」とは犯罪者と対決して公衆の安全と秩序を守るという意味である。法と秩序を支えることで、市民を日々の生活へと送り出し、家族と社会を支え、警察を含めた政府の活動に資金を提供するための税金歳入をもたらす富が生み出される。「奉仕する」ことは公共の福祉を増進することを意味している。警察の活動は、人々の健康、福利、道徳心を促進する。守り、奉仕することは憲法に準拠した国内法に埋め込まれている「警察力」を二等分した双子の兄弟を象徴しているのだ*24。

このような整理は、海洋戦略の中にも類似性を見出すことができる。ただし、国際システム全体にわたって主権を有している国はない。合法的な強制力、すなわち警察力の行使を独占しているグローバルな権力などないのだ。それゆえ、個々の国家、海軍、沿岸警備隊並びに関連する軍が間に合わせの代用品を提供すべくともに働いているのである。ジェフリー・ティル（Geoffrey Till）が「海洋における良き秩序」と呼んだ取り締まりのための努力を引き受けつつ、海軍と沿岸警備隊は商業および軍事目的のために海洋公共財を利用するための自由を支えている*25。

海洋サプライチェーンの中の流通の環《リンク》の防衛は、海賊やテロリズムあるいは武器密輸のような非国家主体による犯罪の蔓延《まんえん》との戦いを意味する。それには海洋の自由をめぐる取り締まり――海洋国家が経済的繁栄の基盤としている海洋交易と流通で構成される自由経済体制の力の源泉――の本質的な部分である。オバマ政権末期の二〇一五年に発表された文書である『アジア太平洋海洋安全保障戦略』（*Asia-Pacific Maritime Security Strategy*）が、海洋領域のための国防省の優先順位の中で海洋の自由を最上位に置いたことも不思議ではない。このため海洋の自由はこの戦略の最初のページに現れる。海上交通路を行き来する商品を護ることは、海洋向の世界にとって、説得力のある相互利益を示しているのである。この文書は、危機あるいは災害に対応するために、米軍は沿岸地域へのアクセスを必要としていると言い足している*26。海軍はこれらの極めて重要な国益を守る手伝いをしているのだ。

海における法執行は変わったタイプの法執行だ。それは海洋業務を委託された海軍、沿岸警備隊、その他の政府機関が協力する統合作戦と、さまざまな国の海洋軍種の間の一体となった尽力を必要とする。異なる組織の間の協業は文化的衝突をもたらすこともある。ベトナム戦争で和平工作に向けた民軍協力を指揮したロバート・コウマー（Robert Komer）大使は、官僚的な組織は自分たちの中心的な機能である定常業務から、「わき道にそれる」ことを許さないと述べている。このような機関はまるで機械仕掛けのように自分たちの業務を正確に同じやり方で何度も何度も繰り返し実行するのだ*27。

官僚機構が「わき道」にそれると、組織にそれまでとは異なる世界観と文化を生じさせる。時にはこれが、同じ国の海軍と沿岸警備隊のように、外見上は似ている組織同士がともに働くことを難しくさせる。結局、海軍の主要目的は敵を打倒することで、沿岸警備隊は法執行と人命救助が存在意義なのだ。組織の持つ世界観の間には亀裂が潜んでいる。警察任務に対して共通の理解を築き上げ、これにより努力を調和させることは、たとえ恵まれた状況の下であっても難行である。

多国籍という側面は、法執行活動に政治を持ちこむ。海上において脅威が生じたときに必ず「グローバルな海洋パートナーシップ」――多国間の警察活動に対する米海洋軍種の用語――が自動的に実現するわけではない。そのような活動に対する障害を考えてみよ。特定の地域やグローバルな世界に手を伸ばすことを切望している海洋大国は別として、沿岸国は遠方の海域で起こることよりも近傍の環境で生じることの方を深刻にとらえる傾向がある。本国から遠く離れた場所で、うわべだけの努力以上のことを行うことに、彼らは顔色を変えるかもしれない。これは経済発展が最優先の発展途上国では二重の意味で当てはまる。結論：政治指導者が誰かの裏庭における無法状態を鎮圧するために、貴重な海洋資産を割り当てることを、有権者に納得させることは難しい。法執行のメリットとデメリットは庶民の目には見えないが、艦船や他の兵力を派遣する費用は目に見えるし、差し迫ったものである。有権者は自分たちが無駄だと見なすものには二の足を踏むかもしれない。

たとえ緊密な同盟国やパートナー諸国の間でも問題はあふれている。同盟国は友人による「見捨てられ」と「巻き込まれ」を常に恐れている*28。「見捨てられ」とは同盟国の企てに加わった後で、同盟国の国益や目的がどこか別の場所へ移ってしまい、同盟国が事態に取り組む重要性を格下げしたり、合意から撤退したりしたために、自分一人が取り残されてしまう恐怖を指している。たとえ、歴史上最も緊密な関係の一つである日米同盟であっても、そのような懸念を抱えている。台頭する中国に直面して、米国政府が日米両国を結び付けている安全保障条約から離脱してしまうのではないかと日米政府は思い悩んでいるのだ。日本は米国と手を結んでいれば大なり小なり対等の立場で中国と競うことができるが、日中の一対一の競争では圧倒的に不利である――それゆえ、正当なものであれ不当なものであれ中国政府の要求に日本は屈服せざるを得ないだろう。たとえば、日本の指導者は長年にわたって尖閣諸島をめぐって米国による「見捨てられ」の可能性について思い悩んでいた。南西諸島の無人島に日米安全保障条約が適用されると米国政府が考えているのか否かは不透明だったからだ。とうとうオバマ政権が尖閣諸島の防衛に力を貸すと誓約し、日本人は安心した。

「巻き込まれ」はこれとは正反対の恐れだ。ある同盟国は、他国への関与に忠実すぎることで自国の国益、目標、理想に反した冒険主義に引きずり込まれるのではと心配する。そのような国はジレンマに直面する。日米同盟を再び例に出すと、米国は台湾を中国本土からの侵略に対して防衛すると公約している。日本は台湾を防衛する条約上の義務はないが、日本の指導者は米国との同盟維持の見地から米軍を支援する義務があると感じているかもしれない。日本政府は台湾海峡を挟んだ戦争で米中のどちらが勝っても、怒りに燃える中国政府に直面しなければならないであろうことを知っている。そのような見通しは、米国と肩を並べて立つことに対する抑止となる。日本は、いずれにせよ相互主義のために前に進むかもしれない。別の言い方をすれば、日本は同盟を強く保つために米国とともに戦い、それにより、日本の国益を危うくする将来の危機〔たとえば尖閣〕におけるアメリカのからの支援を確実なものとするかもしれない。

「見捨てられ」と「巻き込まれ」に対する懸念は、このようにあらゆる種類の多国間事業につきものである。競争的な圧力は、警察的なパートナーシップをゆがめたり、完全に混乱させたりすることもある。例えば、黄海や東シナ海をパトロールするための日米中三国協力を結成するという提案が成功するかどうかは疑わしい。将来のパートナーは互いの意図や振る舞いについて疑念を抱くだろう。

あるいは南シナ海を考えてみよう。米軍は昔から東南アジア諸国の軍隊を訓練し、装備し、ともに演習を行ってきたが、名目上は警察任務のためだ。しかし中国は米国が域内の軍隊を武装し、中国を封じ込めるための有志連合《コアリション》を結成するために、警察任務という看板を利用しているのではないかと疑っている。ルトワックは、海上軍事力は命じられれば警察任務から戦闘任務へと向きを変えることができると付け加えるかもしれない。想像ではあるが、警察的取り組みは中国が自らの湖と妄想している海でその政治的および戦略的狙いをくじくかもしれない。したがって、中国政府は警戒しているのだ。

さらに、一致して行動するためには機能的な障害もある。たとえ政治がうまく機能したとしても、パートナー諸国の海軍と沿岸警備隊にはさまざまな形態や規模のものがあり、組織も異なるほか、政府によりばらばらに命令を受けている。能力格差はグローバル海洋パートナーシップの組織化の努力をさらに複雑化する。「相互運用性《インターオペラビリティ》」とは、軍内部および軍同士の間における相互のハードウエアと作戦の流儀の互換性のことである。対外有償軍事援助（ＦＭＳ）と多国間演習はそのようなトラブルを取り除く助けとなるが、そのようなトラブルに取り組むことは船乗りにとって永遠の課題となっている。

米国政府が思い描くような警察業務はさらに大きな障害に直面している。マキャベリが主張するように、なにか新しいものを創建することは国政術において最も困難な活動である。ブッシュおよびオバマ政権において、海洋安全保障のための多国籍の管理組織を創設するために、米国は空前の努力に着手した。つまり、米国政府は、常設の同盟、有志連合、あるいは有志連合とパートナー諸国の合同体が海洋公共財を統括することを望んだのだ。この二つの政権は『二一世紀の海軍力のための協力戦略』（*A Cooperative Strategy for 21st Century Seapower*）（二〇〇七年および二〇一五年）という名の海洋戦略を発刊し、沿岸諸国が違法行為を抑え込む勢力に合流するようにと呼びかけた。

この取り組みの背景にある論理は完全に理にかなっているが、しかし同時に、これは世界史上まれにみる規模の努力を必要とする。米国政府は自分が背負う外交的および作戦的な挑戦を過小評価してはならない。考えてもみよ。およそ過去五百年間、単独の海洋覇権国家——スペイン、ポルトガル、オランダ、英国、そして現在はアメリカ——が海洋公共財を取り締まってきた。そうすることは国の財源に負担をかけるが、単刀直入なやり方だった。結局、個々の政府および海洋軍種は、比較的簡単明瞭な目的とともに行動することができたのだ

しかしながら、海洋軍種〔米海軍、米海兵隊、米沿岸警備隊〕の指揮官たちは、『協力戦略』の指針を通じて、彼らが多国籍有志連合を創設してこれを先導することを意図していること「および」警察業務に向ける資源が少なくなっていることを明らかにした。同盟の協議において、最大の人員とハードウエアを提供した同盟国が最大の影響力をふるうことは自明の理である。もし米国政府が本当に警察任務の関与を減らすのであれば、過去の有志連合で経験したように海洋における議題を楽々と設定できると期待することはできない*29。要するに、米国は相対的に弱い立場から、前例のない独特で野心的な何かを達成しようとしているのだ。

しかし、努力に代わるものはない。安全な海上交通路を守り、資源の盗掘を防ぐことは、国家の利己主義的な見地から見ても急を要する任務である。すべての貿易社会はグローバルサプライチェーンの安全な流通の環と、海洋法の下で社会に割り当てられた資源の収穫から恩恵を受けている。海洋安全保障の負担の分担を利害関係者に求めることは価値ある努力である。

そのような直接的利益を約束しないやり方にも価値がある。例えば、人災や天災の後で、海軍、海兵隊および沿岸警備隊は救難活動や慰問を行う。政府は、一方ではこれが正しいことであり、他方では他人から見て正統性を獲得することになるので人道任務に着手する。これまでは常にそうだった。一九〇七年に英国の外交官エア・クロウ（Eyre Crowe）は、英国の負担で英国海軍が海洋世界全体に海洋安全保障を提供していたと主張するかなり説得力のある書簡を書いていた＊30。英国が供給する海洋安全保障の受益者は、英国の海上優越に服従していたとクロウは主張した。なぜなら、そのおかげで各国は略奪者を鎮圧し、危機に対応するために自前の大艦隊を建設する必要がなくなったからだ。ハーバード大学のジョセフ・ナイ（Joseph Nye）教授は、正統性を獲得するための「国際的な公共の利益」のやり取りを、国家の「ソフトパワー」の一部として描いている＊31。

海洋の良き秩序は、そのような公共の利益の一部である。これを提供する者は、他の者がこれを支える負担を軽減し、寛容と善意という評価を得る。次に提供者は、将来、国際的な場において善意がさらなる善意を招くという論理で、より容易に物事を思い通りにできるかもしれない。国家は善行を行うことで良い結果を残し、取引の中で自らの国益を増進する。これがソフトパワーの仕組みである。警察活動はさまざまなやり方で役に立っている――しかし、それは外交的および作戦的な抜け目のなさも必要とするのだ。

グレーゾーンにおける警察的役割と軍事的役割の協力

近年では、国家に属さない無法者だけが海洋の自由の敵ではないということが強調されるようになってきた。実際に、いくつかの沿岸国は航行の自由を損なうような形で、海洋法を修正したがっている。そして、彼らはあからさまな領土征服ではなく、武力紛争には至らないが具体的な利益をもたらす「グレーゾーン」作戦を通じてそうしようとする意図を持っている。そのような作戦は平和と戦争の境界線がぼやけたあいまいな世界で実行される。グレーゾーン戦略の実践者は、地政学的な利益を得るために沿岸警備隊や海上民兵のような準軍隊を利用する。彼らはときどき、電子監視装置を満載したトロール漁船や機雷敷設船に改造された商船などの非軍事的な手段にさえも目をつける。

そのような戦術に効果的に対応することは難しい。沿岸警備隊の巡視艇や漁船に軍事力を差し向けることは、外交的な大失敗の引き金を引くことになりかねない。いかに動機が正しくても、武力を行使した側はいじめているかのように見えるであろう。実際、グレーゾーン紛争とは初期の反乱に例えられる。対反乱の専門家であるダヴィッド・ガルーラ（David Galula）は、現政権は「冷たい革命戦争」――現政権に対する平時の人心攪乱《かくらん》に対応することは困難であると主張している。なぜなら、それが「熱い革命戦争」にエスカレートするか不透明だからだ。平和的政治的反対政党は、武器を取るかわりに非暴力的な抗議に活動を限定するかもしれない。平和的政治運動かもしれない活動を鎮圧するために軍隊を展開することにためらいを感じて、政府は優柔不断と麻痺に陥ることが多い＊[32]。そこがまさに実行側にとっての、戦争に対するあいまいな取り組みの核心である。すなわち、自分たちより強い敵の物質的な優位を無効にするのだ。

同様に、国際的な領域においては、グレーゾーン戦略の供給元が不安定な平和と武力紛争の間の境界線をわざと超えないようにしているので、既存の秩序――グローバルなサプライチェーンを繁栄させる自由な海洋交易と通商のシステムのような秩序――の管理人にして保護者である国家と対立している。相手から撃ってくることはない。彼らは相手の海上交通の航路を阻むのに船体を使って〔進路妨害を行い〕、物理的な塊を火力の代用品にするかもしれない。彼らは武力による反撃を正当化する一方で、開戦の理由を示すことは拒む。彼らは現状維持を守るものに対し、先に手を出す――これにより戦争勃発の非難を被る――か、その場しのぎの手か無為無策に甘んじるかの二者択一を迫る。守り手の指導者は、動揺して主導権を譲り渡すか、段階的に事態を拡大させ、それにより攻撃的であると見られるかのどちらかを選ばなければならない。

要するに、グレーゾーン戦略は既存の秩序の保護者にジレンマを押し付けるのだ。第一章の冒頭で述べたとおり、海洋公共財とはそのような秩序である＊[33]。ニューイングランドの町の公有地のように、それはみんなのものであり、誰のものでもない。これは海軍、空軍、商船隊が海と空を使う無限の自由を事実上享受している領域である。それにもかかわらず、公共財というアイディアと理想は、中国やロシアのような沿岸国の挑戦にさらされるようになってきている。海洋の自由を奪うために開戦に訴えるのではなく、中国はグレーゾーン戦略を東シナ海と南シナ海における自らの政策を推進するために作り上げてきた。ジョンズ・ホプキンズ大学のハル・ブランズ（Hal Brands）教授は、次のように述べている。

このうさんくさいテクニックは、本質的に強制的であり、攻撃的な活動でもあると理解するのが最も適当であるが、これは通常型の軍事紛争や公然たる国家間戦争の敷居を越えないように慎重に計画されている。グレーゾーンという手法は、主として修正主義者である大国——既存の国際環境の性質をいくらか改変することを狙っている国家主体——の領域であり、その目的は通常であれば戦争に勝利することで得られる領土あるいはその他の報酬を手に入れることである。しかしながら、グレーゾーンという手法は公然たる戦争にエスカレートすることなしに、そして既存のレッドラインを越えることなしに、さらにはそのようなエスカレーションがもたらすかもしれない罰則《ペナルティ》やリスクを実行者にもたらすことなしに、これらの報酬を獲得することを意味している（強調は原著者）＊34。

そうすることで、中国は海洋領域において自らの命令を他の者に強制するために、海洋力のうち海軍的な手段と、海軍以外の手段の双方を用いている。中国式のグレーゾーン戦略は係争中の島々・海・空に対する見せかけの主権を創り出すことに基盤を置いているかのように見える。マックス・ウェーバーの定義に再度戻ると、主権には国境と呼ばれる地図上の一定の線の内側で、合法的な力の行使の独占を強要することが含まれる。中国政府はあらゆる種類の軍隊で優越を強制し、他の者がそれを覆そうとするのに対して挑戦している。中国は現地のあらゆる競合相手を打ち負かすことができる海軍およびその他の軍隊を構築し、領域に対する自らの主張を後押しする人工島を造成し、軍事化している。中国の指導者は競合相手が、新たな現実に屈するのにつれて、地域の海域を支配するための自分たちの努力に正統性が伴ってくることを望んでいるのだ。

この傍若無人な戦略は、アジアにある中国の隣国だけでなく、海洋法すなわち自由な海洋秩序全体に対する攻撃である。加えて、中国は目立ちにくい部隊——中国海警局、漁船、商船——をこの戦略の表向きの顔にしている。アジア諸国政府が中国政府の主権要求に頑強に抵抗した場合にのみ、中国は通常戦力を展開するであろう。エドワード・ルトワックが念を押したかもしれないが、物理的に弱い船も水平線の向こう側で待機している圧倒的な力を象徴している。南シナ海の主権を主張している諸国は、ルトワックの弟子ではない可能性もあるがこの点には完全に気が付いている。それゆえ、中国政府はアジア諸国政府を抑止しあるいは強要するために注目に値する能力を誇示している——たとえ、衝突現場には軍艦が決して現れないとしても。

たとえ、水平線の向こうにいるとしても、中国の海軍は目には見えない「説得」という形で長い影を投げかけている。中国の海洋戦略についての解説者は主としてシーパワーの伝統的な道具——すなわち、人民解放軍海軍とこれを火力で支援する陸上配備型兵器について長々と力説している。これは自然なことである。しかしながら、議論の余地はあるが高性能兵器にとって最も重要な平時の機能は、グレーゾーンをうろつく平凡な船を支援することである。この関係はキャッチフレーズとしては新規だが、実は新しいことは何もない。中国の指導者は昔から、漁船団、商船隊および法執行機関をシーパワーの準軍事部門と見なしてきた。もし、それが海で結果を出すことができるのであれば、それは中国にとってはシーパワーの道具なのだ。

中国政府はこのように、戦略的競争において純粋に海洋的な手法を採用している。もしそれが実際に可能だとしても、特定の傲慢《ごうまん》な沿岸国によって主権が主張されている空間をどうやって国際社会が管理するのかは未解決の問題だ。第一章で示したように、四世紀前に英国の法律家ジョン・セルデン（John Selden）が、沿岸強国は海洋空間をあたかも陸上であるかのように統治することで海洋を所有できると公言した。仮にセルデンのように、中国や同じ意見の沿岸国が心の底から沿岸海域を国内法——海洋法ではなく——が支配する領土と見なしたならば、そのときには彼らの目には海洋安全保障に関する国際協力は警察権を支援するために自らの領土に外国の軍隊あるいは民兵を招き入れるかのように映るだろう。自らを強力かつ強靭であるとみなす大国で、そのようなことを容認できる国などない。

オーストラリアのサム・ベイトマン（Sam Bateman）海軍准将（退役）は数多くの「邪悪な問題」がアジア太平洋地域を苦しめていると述べている。彼はこれを「原因となる多くの要素と、問題の本質および最善の取り組みに関するトップレベルの意見の相違を含めた、政策立案のための緊急かつ極めて複雑な問題」と定義している*35。そのような問題は、多くの問題を横断するからだけでなく、「自らの主張の正しさについての心の底からの信念」を持つ競合者の間の「根本的な相違」に関わっているので、既存の解決策を混乱させるとベイトマンは言う。合意は「判で押したように」当事者に「考え方と行動を変える」ことを要求する。彼は、アジア太平洋を「海洋における権利の主張の衝突および地域において拡大する海軍活動のリスクの管理」といった「邪悪な問題に首までつかっている」と描写している＊36。

東南アジアは、アジア太平洋地域の小宇宙である。ジェフリー・ティルの言葉を借りれば、主権、海洋の良き秩序、輸送領域にまたがる国益は問題解決の困難さを増大させる――そして、友好と協力をはかないものにする。日常的な安全保障機能をグレーゾーン戦略に伴う邪悪な問題に巻き込むことは、他の海から切り離され、船舶がひしめき合い、天然資源の豊かな南シナ海を不和と論争のるつぼにしている。現在の状況の下では、域内の水域や沿岸を多国間で取り締まることは不可能に等しい。

中国の軍事力が膨張し、中国政府が略奪者として行動する能力――そして一方的な行動を通じて独自のやり方の「海洋の良き秩序」を強制する能力――が向上しているので、この状況が改善する可能性も低い。さらにまずいことに、中国政府のグレーゾーン戦略が成功すれば、それを真似する者を唆すかもしれない。ロシアは、黒海のクリミア半島東方のアゾフ海や、ロシアの北極海沿岸に沿った北極海航路に対して支配権を主張して、独自のグレーゾーン戦略を心に抱いている＊37。イランは昔からペルシャ湾とインド洋とを結ぶ死活的に重要な動脈であり、イランの沿岸に沿って伸びるホルムズ海峡における特別な権利を強く主張してきた＊38。もし、中国政府が東シナ海および南シナ海において首尾よく自らを主権者にするのであれば、ロシア政府とイラン政府が自らの近海で同じことができないという理由など理論上はない。強力な国家が敵対しているときに警察業務をどの様に遂行するかは、このように第一級の戦略的挑戦を突き付ける。これからはこのような挑戦の時代なのだ。

軍事的役割

仮に平時の戦略的競争が消極的意図——敵が求めているなにかが奪取されるのを防ぐ——を追求しているとすれば、戦時の戦略は消極的意図と積極的意図の双方を目的にできる。積極的意図を追求している交戦国は、相手から何かをもぎ取りたいと思っており、一方で相手国はそれが起こるのを防ぎたいと考えている。このようにして消極的意図が生まれる*39。カール・フォン・クラウゼヴィッツは、争う者同士が武器を取って闘争を開始しても、外交関係を停止する必要はないと指摘している。しかしながら、複合的な政策の同時進行に戦火の応酬が加わることで、戦略的競争は変容する。キッシンジャーやルトワックの著作に描かれているような仮想的な神経戦や認識をめぐる戦いは、外交書簡に代わる現実の戦闘の強い相互作用に道を譲る。仮説に基づく相対的な強弱に代わって、科学者が自分たちの理論を野外実験で試するように、戦場における武力による評決が支配するようになるのである。現実《リアリティ》が武器、戦術、作戦に関する意見の裁定者になるのだ。ある意味では、クラウゼヴィッツが主張するように、戦争とは交戦者の考えを「別の文書や言葉で表現したものにすぎない」のである*40。それは戦争的な手段や手法を加えた外交交流なのだ。

そのうえで、海軍外交と警察任務の領域で海軍部門が行うあらゆることの基盤となっているのが、ブースの軍事機能であることに注意するのだ。平時の外交力は、仮定上の海戦において一方の海軍がおそらく勝者になるだろうという認識に由来している。勇気と決意についての認識が外交官の言葉に力を添える。同様に、敵国家の海洋の自由に関する意図をくじくためには、軍事的有効性は必要な要素だ。そして、たとえ厳密には警察的な領域であっても、沿岸警備隊は強盗、テロリストおよび武器密輸業者などの国家に属さない攻撃者を圧倒するために装備を整えなければならない。これらの業務の中では、効果的に運用される力が共通の基準となっている。

我々は最後に、海軍以外の軍隊と幅広い社会が支配をめぐる闘争で勝利を得るために、海軍がどのように支援するのかに目を向ける。外交関係をまたいで影を投げかけるだけで軍隊が満足することはもはやない。軍司令官たちは、政治指導者の意思を武力で強要しようと一所懸命である。このため、我々は大戦略的な成功にしっかり目を注ぎながら、戦争の作戦および戦術レベルへも階層を降りていく。

ここで英国の兵士であり理論家であったベイジル・ヘンリー・リデルハート（B. H. Liddell Hart）を考察することが適当である。第一次世界大戦の塹壕戦の経験者であったリデルハートは、一九一四年から一九一八年に西部戦線で目撃したような流血が将来繰り返されることを回避したいと強く願っていた。彼は大戦略の現代的概念の先駆者である。第１章の冒頭で述べたように、大戦略とは外交的、情報的、軍事的および経済的パワーを、政治的利益のための鋭い戦略的手段に転換する術《アート》と科学《サイエンス》のことを指している。

アルフレッド・セイヤー・マハンの大陸周辺部への商業的、政治的および軍事的アクセスを狙いとした企てである海洋戦略の概念は、このジャンルにぴったり当てはまる。海洋戦略は大戦略の亜種である――そして波躍る大海で成功するのにふさわしい資質を備えた沿岸域の社会のための多様な選択でもある。したがって、マハンの著作はリデルハートの本に先行するものであったが、マハンは戦略的な長所とは「我々自身の観点から考えただけでも……良い平和状態」を巧みに運営することにかかっているという英国の思想家〔リデルハート〕と考え方を共有している*41。

この二人の著作家は、政治家に可能であれば非軍事的な手段を通じて平和な状態を改善し、必要な時にだけ闘うことを求めている。リデルハートにとって、戦略とは戦略的および政治目的のために国力を行使する手段であるのと同時に心構えでもある。それは軍事問題の細部をくよくよ考えるよりも、長期的な視点で考える傾向のことである。彼が限りない称賛を公言している孫子のように、リデルハートは自国に戦争のコストと荒廃をもたらさないように、戦わずして勝つことを好んだ。もし無血勝利が不可能であることが明らかになったときには、彼は政治的および戦略的指導者に「経済的圧迫、外交的・貿易的圧迫、および敵の意図を弱化するためにかなり重要な道徳的圧迫の力などを考慮に入れる」ことを勧めた。そのような広範な視野は戦略的成功の公算を高める。そして、「戦略が見通すことのできる範囲は戦争に限られているが、一方、大戦略の視野は戦争の限界を超えて戦後の平和にまで延びている」と彼は主張した*42。

それゆえ、リデルハートにとって戦争とは平和あってのものなのだ。海洋戦略の領域において、平和な状態とはアクセスを促進する将来の周辺環境を創り出しつつ、通商的、政治的、および軍事的アクセスを回復することである。このようにアクセスとは海洋戦略家の道しるべとなるべきなのである。マハンの時代を振り返ってみると、米国の海洋戦略の教義は昔からアクセスを獲得し守ることを含んでいた。それはユーラシアの周辺部《リムランド》を支配することからすべての強大な大国や同盟を遠ざけておくために、この地域を上手に操り――そして、西半球に支配力を及ぼすだけの海軍およびその他の軍事手手段を米国は積み上げてきた*43。その上、米国は一九四五年以降、海洋交易と通商のシステムの支配人としての地位を引き継いだ。かつての海洋覇権国であった英国は、第一次世界大戦で〔ドイツ帝国を含む〕中央同盟国を、第二次世界大戦では枢軸国を撃退する過程で疲弊した。英国が退場したことにより、アメリカは唯一の候補者として残されたのだ*44。

海洋におけるアメリカの優越は、ユーラシアを取り囲む縁海《えんかい》の支配も同様に意味していた。第2章で述べたように、第二次世界大戦中に地理政治学の専門家であるニコラス・スパイクマン（Nicholas Spykman）が、どのようにしてシーパワー国家が国外の沿岸や内陸沿いに時代の流れを組み上げていくのかについて熟考した。英国の帝国主義的な歴史を調査して、スパイクマンはユーラシア超大陸を取り巻く半閉鎖海である「縁海の帯」を英国海軍が支配したので大英帝国は成功したという結論を出している。海上優越は英国が沖合の安全な場所から、大陸内陸部《ハートランド》へ戦力を投射することを可能にした。スパイクマンにとって、海とは陸地の上に影響力を及ぼすための中間準備地帯を代表しているのだ。

スパイクマンの構想の中で、バルト海、ベンガル湾および南シナ海のような海域は、極めて高い重要性を帯びている。もし、周辺の海をコントロールすることで、英国海軍が全地球にまたがる帝国を支配する力を与えられたとするならば、これは米海軍およびこれと連携した統合軍が第二次世界大戦後、非公式な帝国を支配してきたやり方でもある。縁海へのアクセスがなければリムランドにおいて海軍ができることはほとんどない＊45。陸上の目標を攻撃したり、水陸両用作戦を遂行したりするために艦載兵器の射程内に近づくことができなければ、彼らは陸上に戦闘力を及ぼすことはできないのだ。

米海軍大学において、我々〔教官〕はしばしば、海軍戦略理論家としてマハンとジュリアン・コーベットのどちらを好むかという質問をする。そうすることで、我々は意図的に人を惑わせるような選択で学生を混乱させているのだ。二人の著述家は異なる課題をもち、対象として書いていた読者も異なっていた。当然の帰結として、彼らは自分たちのメッセージを異なる形で世に伝えた。イギリス人であったコーベットは、なぜ政府が大戦闘艦隊を作り上げるべきなのかということを説明する必要性をほとんど感じなかった。英国はすでに世界最高の戦闘艦隊を持っていたのだ。アメリカ人であるマハンは、アメリカ人は米国史上初となる本格的な艦隊を必要としているということを自国民に納得させるために長々と書き連ねた。したがって、マハンはシーパワーの目的を詳しく語ったのに対し、コーベットは既存の戦闘艦隊を戦時の戦略的利益のために運用する仕組みを研究している。コーベットの著作はシーパワー理論に構造と緻密さを加えているが、一方のマハンは米海軍を正面切っての戦闘で敵艦隊を徹底的に打ち破るための「こん棒」と評している。

もう一人の米海軍大学の元教官であるJ・C・ワイリー（J. C. Wylie）提督も、マハンはシーパワーを推進する「政策」を説明するのに秀でており、コーベットは海上戦闘に勝利し、より大きな目的を推進するためにその結果を利用するための戦域「戦略」を説明していると述べて、二人の歴史家の著作を似たような形で解釈した。ワイリーは次のように述べている。「マハンもコーベットと同じことをすでに気づいており、その周辺のことについてはいろいろと書いているが、肝心の核心部分については全く手をつけていない。マハンは自分の考えをハッキリと一般大衆向けにわかりやすい言葉でまとめたわけでもないし、海戦の模範的な戦略を簡潔に述べたわけでもない。そもそもマハンが有名になったのは、海洋戦略が国家政策の基礎となる役割を持っていることを発見したからであり、これは彼を有名にするだけの理由としては極めて妥当なものである」＊46。

マハンはシーパワーの探求を推し進める目的「および」海上戦争を行う手段を調査するのと並行して、あらゆることを試みた。あるいは、歴史家であるハロルド・スプラウト（Harold Sprout）とマーガレット・スプラウト（Margaret Sprout）が表現したように、マハンは「シーパワーの哲学……重商主義的な帝国主義政策に基盤を置いた国家繁栄と運命の理論」並びに

「海軍戦略と防衛の理論」を発明した。一方のコーベットは——スプラウト夫妻の言葉を借りれば——英国のような確立された覇権国を導くための「海軍戦略と防衛の理論」を丹念に作ることで落ち着いたのだ*47。

これらの見解における相違に密接に関係しているのは、海における勝利それ自身が目的なのか、あるいは単にその後にくるものの先触れなのかという質問だ。マハンは自分のエネルギーを、なぜ重要海域の制海を奪取することが重要なのかを説明することに主に力を注いでいる。彼は敵艦隊を粉砕すれば称賛に足る結果が得られるだろうと示唆している。彼はどうやって作戦レベルの勝利から戦略的な配当金を獲得するのかについての詳細は重視していない。例えば、かれは初代アルベマール公爵ジョージ・モンク（George Monk）の言葉を引用して次のように述べている。「モンクは海を制しようとする国民は常に攻撃をとらなければならないといったが、それはイギリスの基本的な海洋政策を示したものである。もしフランス政府の訓令が一貫して同じような積極的精神を吹き込んでいたならば、米独立戦争は実際よりももっと早くかつもっとよい結果を収めて終了していたかもしれない」（強調は著者）*48。保守的なフランスの国政術は、英国の起業家精神に敗北したのだ。

コーベットは自らの考えとして、海上作戦の狙いは地上兵力と協力して（今日であれば彼は間違いなく航空兵力も加えて）実行される海洋戦略の一部として、陸上における出来事を決定づけることにあると主張した。彼は戦時には海洋戦略の最も重要な関心事項は「戦争計画における陸軍と海軍の相互関係を決定することである」と言い切った*49。コーベットは「統合」または「統合状態」――結合した努力の一環としてある軍種が他の軍種と協力して展開することを意味する――という新しい言葉が発明されるずっと前からその予言者だった*50。彼にとって、陸上における出来事に大きな影響を与えることが最も重要だった。「人々は海上ではなく陸上に住んでいるので、戦争状態の国家間の大きな問題は常に――非常に珍しい事例を除いて――陸軍が敵の領土と国民生活に対してできることによって、もしくは陸軍がそうすることを艦隊が可能にする恐れによって決定されてきた」*51。別の言葉でいえば、海上戦争は戦略的な成功にとって手段にすぎない――マハンにとっては目的のように思われたが、それ自身は目的ではないのだ。スパイクマンそしてワイリーにとってそうであったように、コーベットにとって海とはそれによって戦略家と策略家が影響力を陸上に投射するための媒体なのである。ワイリーは陸上における出来事をコントロールするために海をコントロールすることが重要であることを「明快かつ構造的に完全な形で初めて記述した」のはコーベットであることに同意している。人間は陸上に暮らしており、したがって、国家間の闘争もそこで決着がつくのだ。

海洋戦略家はそのような哲学的疑問にも十分に思いを巡らせなければならない。彼らは同様に、戦略の聖典から抽出した概念を混ぜ合わせ組み合わせ――ある種の合成ができる可能性も考慮に入れるべきである。攻撃志向の読者は、マハンの教えを全面的に採用するかもしれない。海軍当局者が自らの職責を果たし、それなりの勝率で戦えるように艦隊を整備しているならば、マハンは艦隊を危険にさらすことも常に支持している。しかし、より大きな目的に対する洞察のためにマハンを読み、それにもかかわらずコーベットを戦争に勝利するために海軍をどうやって使えばよいのかについてのより洗練された分析者として耳を傾けることも可能である。これが私の見解だ。マハンはより強い海軍の側に立った理論家であり、できるだけ早期に戦闘を行うことを欲したが、それに対してコーベットは自らの著作である『海洋戦略の諸原則』の多くを、弱い海軍の側が時間、創意工夫および作戦面での抜け目のなさを活用することにより勝利できることの証明に紙面を費やしている。これはより柔軟なビジョンであり、現実により一致している。

マハンやコーベットの時代に海軍の専門家に付きまとっていたのは、艦隊司令官は開戦後すみやかに決戦を挑むべきかという問題であった。これらの海洋研究家がどのように答えるかによって、双方の見解の違いが明瞭に浮き彫りになる。マハンの答えは「イエス」である。司令官はできるだけ早い機会に敵の本国海域で敵と交戦すべきである。第1章と第2章に示したように、シーパワーを集中するための平時のマハンの筋書きには、遭遇する可能性の高い最大の敵部隊と対等あるいは優位な条件で張り合うことができる艦隊を作り上げることが含まれている。戦時には、マハンはほぼあらゆる条件下でこの艦隊をリスクにさらすことを受容している。彼は極めて大胆なのである。

マハンは海上における優越を競いあうときに、司令官は大胆でなければならないと強く信じていた。マハンによれば、司令官は開戦直後の艦隊に明瞭に現れる「圧倒的な力」を集中し、できるだけ速やかに戦闘を求めるべきである。米独立戦争で海上における〔米仏〕同盟の戦争努力の大半をフランス海軍が担ったときに、フランスの海軍提督は無気力で戦略的に無計画であったとマハンは非難している。特に彼は、フランスの海軍軍人がカリブ海の英国の島々を奪取することに焦点を当てたことを問題視した。フランス人は同時に、この地域の航路上を遊弋してフランスの制海に自由に挑戦することができた英国艦隊に努力を指向しなかったのだ＊52。フランスの司令官たちは優先順位をあべこべにしていたのである。

敵艦隊を打ち破れば、敵の占領地を征服することができる。マハンは「海上優越を維持するためには、敵海軍は粉砕されなければならない」ということを言いたかったようだ＊53。ひとたび英国艦隊が破砕されれば、カリブ海の英国領の島々は立ち枯れてしまっただろう。海上におけるフランスの勝利は、英国領の島々の駐屯軍を海上補給と増援から断ち切り、駐屯軍は一つまた一つとフランスの手中に落ちていったであろう。マハンから得られる教訓は、海軍の司令官が自らの努力の焦点を敵艦隊の打倒としたときに、良い結果が得られるということである。指揮官は絶対に優先順位を間違えてはならないのだ。

マハンは、敵艦隊が決戦を拒否したときには、艦隊は海上封鎖を強制することでこれを閉じ込めるべきであると書いている。敵の艦隊を沈めるよりも満足度は低いとはいうものの、港湾にこれを封じ込めることで、遮断が厳格に行われている間は敵艦隊を戦場から遠ざけられる。この手段は時には必要だった。例えば、マハンとコーベットの歴史的論拠の多くを提供した長期闘争であるフランス革命戦争およびナポレオン戦争の期間中、フランス海軍は一般的に、英国海軍の封鎖部隊あるいは英国主力艦隊と刃を交えるために出撃することを拒んだと彼は強調している。艦隊をリスクにさらす代わりにこれを温存することがフランス海軍の上層部の心を占めていたのだ。

封鎖はしばらくの間海上交通路への脅威を抑制するが、マハンはこれを良いことであると断言している。しかし、それは彼の戦略的選択肢のリストの中では、戦闘を求めることのはるか下にある次善の策であった。これには十分な理由があるのだ。封鎖は海軍力に重い負担をかけるのと同時に、多額の機会費用を強いる。封鎖を効果的に行うためには、全兵力とは言わないまでも、海軍の戦力のかなりの割合を必要とする。また同時に、封鎖艦隊の分散も通常は引き起こす。艦隊を指揮する者は敵の各港の沖合に戦隊を一つずつ配置するか、あるいは敵の海岸線全体を取り囲む大きく広がった防衛境界線にそって「遠距離封鎖」を配備しなければならないだろう＊54。もし交戦が行われるようなことがあれば、このような行動は戦闘力を薄っぺらなものにしてしまう。

封鎖がうまくいくこともある。例えば、一八一二年の米英戦争の末期までに英国海軍はアメリカ経済を窒息させた。この完敗から、そのようなことが二度と起こらないように戦闘艦隊を建設すべしとマハンは主張するようになった。ホレーショ・ネルソン（Horatio Nelson）卿とその同僚は革命期フランスおよびナポレオン統治下のフランスを相手にした戦争で数十年にわたり、フランス海軍を寄せ付けなかった＊55。そして第一次世界大戦中には、英国海軍はドイツの大洋艦隊を遠距離封鎖で北海に閉じ込めた。イギリス海峡と、スコットランドをノルウェーから隔てている隙間を閉ざすことで、英国の目的は十分に満たされた。イギリス諸島が堅固で通行不能な封鎖線の一部を構成していたので、封鎖はうまくいったのだ。

英国艦隊は単に封鎖線の両端の部分を封じるだけで足りた――これなら処理できる仕事だ。その結果、英国海軍は機雷、潜水艦あるいは魚雷艇と遭遇する可能性のあるドイツの港外に艦船を常駐させる必要がほとんどなかった。ただし、封鎖艦隊に好意的な地理などめったにないのも事実である。一方で、艦隊をより小さな戦闘力の欠片に分割することに伴う問題は、各分遣隊が局地的に自分たちより強力な敵部隊により打ち負かされるということでもある。あらゆる場所で強くなろうと試みると、部隊をどこでも強くないというリスクにさらすことになる。弱い側の敵は大半あるいはすべての部隊を境界線のどこかに集中し、これに穴をあけることができる。引き延ばされた封鎖線を維持するために戦闘力を弱体化する必要性は、境界線防衛に時代を超越した――そして不可避の――ジレンマを引き起こす。

したがって司令官たちはどちらの選択肢も好まないはずだ。ただし、ネルソン卿は、封鎖任務は英国艦隊にとって良いことだと強く主張した。なぜなら英国の船乗りは常に海上にあって自らの技量を磨く一方で、敵のフランス人は港内で腕をなまらせながらわびしく過ごしていたからだ。それにもかかわらず、近接封鎖と遠距離封鎖の双方は沿岸を哨戒する艦隊を拘束し、分散し、疲弊させ、これにより莫大な機会費用を課している。封鎖を強制している艦艇はどこか別の場所で戦争目的を推進したかもしれないもっと価値あること、たとえば船団護衛、封鎖をすり抜けたかもしれない敵の分遣隊の捜索と撃破等々を行っていない。敵が戦いを拒むとき、こちらにも支払うべき重いペナルティがあるのだ。

そしてこれで海洋戦争に勝利を収めるためのマハンの台本が完成したようだ。マハンはより強い競争者の側の理論家だ。積極性に富んだ海軍司令官は、開戦と同時に艦隊を集中し、敵の海岸線を自らの作戦上の最前線として、艦隊決戦を追求する。これに失敗したら、彼らは敵艦隊を港に封じ込め、決着を先延ばしにする。これはそのとおりにいけば優れた指針であるが、語られていないことも多く残されている。ジュリアン・コーベットはなぜ、何のために海戦を行うのかについての議論で貢献するところが多い。彼の台本はより自由な形式であり、より強い側の格闘家と同じように、弱い側にも多くを教え伝えている。

コーベットの時代、多くの海軍士官および海軍支持者が彼に異端者という烙印を押したことは特筆に値する。英海軍士官は、自分たちが長年好んできた選択を再確認する形となったマハンの攻撃志向を歓迎した。彼らはコーベットを、決戦を直ちに「求めない」作戦を意図していることから一笑に付した。攻勢作戦でなく防勢作戦も許容する取り組みは英国海軍の保守派に浸透している精神に反していたため、英国の海軍士官はこれを不満足なものとみなしたのだ。コーベットの側も和解のために格段のことはしなかった。彼は当時の教義を風刺するために脱線したりしている。「敵の海岸線が我々の最前線だ」という格言について、彼はポーツマスで行われた講演会で『ルール・ブリタニア』（英国の愛国歌）を歌うことで『戦役計画』を立てようとするのと同じことだ」と語っている＊56。

コーベットは陳腐な格言は想像力に富んだ戦略思想にとって貧弱な代用品であると断言している。そのような格言は強い側には訴える力があるが、しかしながらコーベットが正しくも指摘したとおり、絶頂時の英国海軍でさえ、常時、地図上のあらゆる場所で、すべての敵に対して優位に立つことはできなかった。そして英国海軍は常に力の頂点に立っていたわけではない。誤った政策が採用される可能性だってある。七年戦争（一七五六年から一七六三年）でフランスに対し圧倒的ではあるが極めて高くついた勝利を収めた後で英国がそうしたように、議会が海軍の全体的な規模を縮小させるかもしれない＊57。米独立戦争までに、英国海軍はフランスとスペインの連合艦隊と対等の艦隊という英国の伝統を満たさなくなっていた。不注意は英国人にとって高くついた。歴史家のラッセル・ワイグリー（Russell Weigley）は「フランスが一七七八年に、スペインが一七七九年に対英戦争に加わったので、英国人はアメリカ本土を二義的な戦域として扱わなければならなかった。なぜなら七年戦争において世界規模で勝利したために、英国は自己満足して自らの海軍力がひどく衰退するのを許容していたからだ。このため、海軍本部はもはや［仏西の］ブルボン王朝の連合海軍により脅かされたときに、本国水域を侵略から守ると保証することができなかった」と書いている＊58。アメリカは英国の不適切な海軍政策のおかげで、独立戦争において二義的な戦域へと格下げされたのだ。あるいは、作戦上の要請が海軍を一時的な不利に置くこともある。海軍は全体としては数的優勢を維持していても、上級司令官が異なる場所へある任務のために戦隊を分派する必要性を発見するかもしれない。兵力の分散は個々の部隊を、フランス海軍のように弱体だが戦力を集中している敵に対して局地的に不利な状態に追いやるかもしれない。それは同時に、派遣部隊が主力部隊に隻数と火力を加えるべく復帰するまで、主力艦隊を不利な状態に置く。

要するに、コーベットは英国海軍がどこか重要な場所と時期に一時的に劣勢になるかもしれないという無数の理由を予見したのだ。現実を否定するよりも、彼はどうやったら局地的に劣勢な部隊が時間を稼ぐことができるかについて先を読んだのである。時間は指揮官が兵力を集中し、新しい戦力を作り出し、あるいは敵を弱体化するために必要なものである。もし、彼らの努力が成功すれば、兵力のバランスがひっくり返るであろう。英国海軍は、瞬時にというよりも遅ればせながらではあるが、マハン的な勝利を収めるであろう。

そしてこれは完全に筋が通っている。勝利を得るためには、問題に対して資源を投入する余裕がある強者よりも、弱者はより賢く、より抜け目なく、そしてより辛抱強く戦わなければならない。同時にコーベットは、海軍は早期に決定的交戦を追求すべきというマハン的なアイディアにも心から賛同していた。彼は「十中八九、『敵艦隊を探し出す』などの格言は確固としており、適用が可能である」と認めていたのだ。彼はこの格言が不十分で適用できない十に一つの場合に何をすべかについてあれこれと多くの時間とインクを費やしたのである*59。

最初に彼は、永続的で絶対的なコントロールを意味するマハン的な制海の概念に異議を唱えた。海の総面積はそのようなコントロールを不可能にする。制海は段階的に広がっていくものなのだ。恒久的なコントロールが指揮官の目標であるべきだとしても、マハン的な意味で絶対的あるいは永続的であることなどめったにない。コーベットによるさらなるマハン批判として、彼は海洋史の調査研究を通じて「海の戦いにおける最も一般的な状況はどちらの側も制海を手にしていないということ、通常の情勢は支配された海ではなく支配されていない海であるということを示している……海の戦いの目標は制海を得ることにあるという想定でさえ、制海が普通は争奪状態にあるという命題を実は含意している。」という見解を述べていた＊60。マハンはこのように、海軍が追及はするがめったに達成できない理想的事例を描いていたのだ。コーベットは、理想的な事例が海軍指揮官の手をかいくぐったときにどのように作戦を遂行すればよいのかを説明しているのである。

第二にコーベットは、敵の戦闘艦隊とのあいだで争われている海域だけでなく、すべての重要な海上交通路も対象に含めるために視野を拡大した。彼にとって、海軍戦略の要点とは「交通」をコントロールこと、すなわち海上交通路を敵部隊に妨げられることなく通過する能力を意味している。敵の戦闘艦隊の撃破は、しばしば必要となり、常に望ましいとはいえ、戦略家たちにとっては最大の関心事ではない。コーベットによれば「制海は、通商目的であるか軍事目的であるかを問わず、海洋交通の管制《コントロール》だけを意味するのだ。海の戦いの目標は交通の管制」なのである＊61。物理空間――すなわち海洋空間――のコントロールが、彼の最大の関心事を象徴しているのだ。彼にとって敵部隊は二義的な問題なのである。

この主張はコーベットの艦隊設計の分類法（第2章で論じられた）と一致する。彼は巡洋艦――主力艦でなく――が海上作戦の主要な実行者であると公言した。これらの艦艇は安価で、適度な武装を備えており、大量に入手可能で、海上交通を取り締まるための海軍の手の届く範囲を拡大する。見張り番となる艦艇は海上交通路に沿って効果的に散開できるだろう。彼らは海洋空間をコントロールする。敵の戦闘艦隊が味方の海上交通路の支配を脅かしたときにだけ、艦隊決戦が海上戦の最優先目的となるのだ。「戦闘艦隊の真の役割は」通商および戦争遂行努力にとって重要な海上交通路に沿って航行する味方船舶を守り、敵船舶を阻止するという「特別な任務を果たす巡洋艦と小艦艇群を守ることである」とコーベットは主張している＊62。

したがって、海上戦闘の「真の格言」は「敵の海岸線が我々の最前線だ」ではなく、「艦隊の一次目標は交通路を確保することであり、もし敵艦隊が交通路を危険にするような位置にあるなら、その艦隊の戦闘力を失わせなければならない」ということになる＊63。適切に配備された戦闘艦隊は予備として待機するか、敵戦闘艦隊が戦いを拒むか味方の海上交通を攻撃するのをやめたならば封鎖を開始する。当面の間は海上交通にとって航路は安全である――それが戦時戦略の要点なのだ。

第三に、コーベットは海洋の支配を段階ごとに分析し、海軍は絶対的な制海が不十分でも――ときにははるかに足りなくても作戦上の目的を達成できると主張している。絶対的な制海を求めたときに司令官は時間と労力と資源を消耗するが、それがなくてもうまくやっていけるのだ。コーベットは制海を時間と地理的空間の観点から定義した。彼が自らの考えを明らかにした段落は詳細に引用する価値がある。「制海は様々な状態や程度で存在し、それぞれに独特な可能性と限界がある。制海は全般的ないし局地的かもしれないし、また恒久的ないし一時的かもしれない。全般的な制海は恒久的ないし一時的であるかもしれないが、単なる局地的な制海は、非常に有利な地理的条件を除いて、一時的以上のものであると決してみなすべきではない。なぜなら、通常は、敵が有効な海軍力を保持する限り、局地的な制海は別の戦場からの干渉を受ける可能性が常にあるからだ」（強調は筆者）＊64。

敵戦闘艦隊の無力化あるいは破壊が望ましいとはいうものの、海軍はしばしば制海が不完全でも間に合わせることができる。恒久的で全般的な制海であっても敵が何もできないということを意味しない――それは、単に敵が味方の海洋使用を混乱させるために効果的なことは何もできないということのみを意味しているのだ*65。もし仮にある作戦の目的が争奪中の海岸に部隊を上陸させることで、もし水陸両用部隊とその護衛部隊が上陸海岸への回廊を地上部隊と補給品を海岸に集積するのに必要なだけ開くことができたならば、敵の艦隊が打ち負かされていないという事実にも関わらず、それは地上における自らの目的――別の言い方をすれば、部隊にとっての決定的な目的――を達成する上で部隊にとって十分な制海ということになるだろう。

歴史家のサミュエル・エリオット・モリソン（Samuel Eliot Morison）が指摘したように、まさに一九四二年から一九四三年の間のソロモン諸島の戦いがこの状況だった。大日本帝国海軍はソロモン諸島の戦いの初期において夜戦で優位に立っていたが、米海軍は昼間の海域を支配していた。この非対称性のせいで、モリソンは争奪中のガダルカナル島の周辺で「奇妙な戦術状況が明らかになっていった」すなわち「一二時間ごとに海上の支配が事実上入れ替わっていった」と語っている。米海軍は「日の出から日没まで海洋を支配し」ガダルカナル島の飛行場を守備する米海兵隊に補給品を送り込む機会を得ていた。「しかし、熱帯の夕暮れが速やかに姿を消すとともに……大型の艦艇はおびえる子供たちのようにいなくなり……そして、日本軍がとってかわり」自らの増援部隊と補給品を送り込んだのだ*66。昼夜交代制の制海は、六か月に及ぶ激戦を煽《あお》り立てた。

このようにガダルカナルは部分的で一時的な制海の可能性と不十分な点を明らかにする。もし、恒久的で全般的な制海を勝ち取ることができなくても、海軍は陸上でその目的を達成することができる。しばらくの間、二つの対立する海軍がソロモン諸島でそれを行った。しかしコーベットは、海軍が「まったく」制海がなくてもやっていけると主張して、自らの主張をさらに深めている。彼は制海を行使するにはその前にそれを勝ち取らなければならないと論理が示していることは認めている。物事はその適切な順番にしたがって発生しなければならない。どうしたらそれ以外のことが起きるのだろうか？　けれども、彼は同時に、戦争は「論理によって遂行されるものではなく、論理が規定する一連の出来事の順序は、実際には常に守られるとは限らない。海の戦いの特別な条件によって、制海を行使するための作戦が制海を確保する作戦に続くだけでなく、同時に行われることを避けられないものにする外的必要性が介入する」と主張している＊67。

この厳密には論理的ではない問題において、別の言葉で言えば、海軍は制海を勝ち取る前に行使――おそらく海のごく一部で短期間――しなければならないのかもしれない。陸上における作戦上の必要性がそのような危険性の高い方策を要求するだろう。コーベットは海軍の指揮官がそのような離れ業をどのようにしてやってのけるかについてのヒントをほとんど提示していない。おそらく彼は指揮官たちに、より強力な敵との直接対決を避けてずる賢く回避し、行動の基礎を隠密《ステルス》、欺瞞《ぎまん》、狡猾《こうかつ》さおよび機動に置くよう助言するだろう。戦争とは、ときには戦闘員が直感に反した行動をやることが求められる混沌とした仕事である。これは確かに船乗りを不安にさせる――しかし、自分たちの職業にともなう不快な現実を無視したところでよいことはない。この意味では、コーベットもマハンと同様に相当なギャンブラーなのだ。

これらの慎重な議論は、コーベットを制海獲得のために三つに分かれた計略を提案することへと駆り立てた。彼が見たとおり、厳密に言えば、制海をめぐる戦いは段階的に順を追って展開するものではない。彼はより強い側の競争者のためのオプションと、一時的には凌駕《りょうが》されたが勝利のためには自らの劣勢を克服しなければならない競争者のオプションの双方について概要を述べている。彼はまず、マハン的な戦略に従っている。より強力な艦隊の司令官は開戦直後に艦隊決戦を実際に追及するか、敵艦隊を無効化するために封鎖を実行すべきなのだ。迅速な攻勢は戦争に勝利するための最も直接的で、最も便利で、最も最終的な方策であることに変わりはない。産業化時代の軍艦は、ひとたび破壊されると再建には時間がかかるのだ。

コーベットとマハンの時代の英国海軍あるいは今日の米海軍のような有力な海軍が攻撃を好むのは自然なことだ。もし優勢な海軍力が既にあるなら、戦闘に向けてそれを集中し劣勢な敵を打ち負かすためにそれを出撃させることだけが合理的である。敵の抵抗を排除することは交戦地帯の内外で勝者に海軍艦艇と商船隊を自由に行動させる権利を与える。コーベットは、海洋覇権国がこのように考えることは「自然なこと」であると述べている。卓越した艦隊を配備することが賢明だと政治家が考える限り、船乗りの攻勢思考は「維持されるであろう」可能性が高い*68。

この議論の過程で、コーベットは時に強者を悩ませる特別な問題に取り組んでいる。すなわち、弱い側の競争相手が戦闘艦隊を維持することを望んでいるときに、どのようにしてその艦隊を危険にさらすように強要するかという問題である。彼の解決策は、敵がとても大切にしている何かを攻撃することで、従来の方針に関わらず敵がそれを守らざるを得なくするということである。コーベットは一七世紀の英蘭戦争の事例を三つ提示している。オランダ海軍はこの断続的に行われた紛争をより強い側として開始したが、しかし、一世紀が経過してオランダの優越が衰えると、その司令官たちは戦闘に応じなくなった。英国海軍の解決策は？　オランダ海上帝国の海外領土との通商と連絡のためにオランダにとって必要不可欠であった商船隊を襲撃したのだ。英国海軍は熟慮したうえで、自らの強敵に不利な状況で戦うか、海外帝国をあきらめるかという恐ろしい選択を示したのだ＊69。オランダ人は圧倒的に不利な条件下で戦い——素晴らしい武勲にもかかわらず、ついには敗れ去った。

コーベットの最も興味深い論考は、弱者の視点に立ってより強い側の海軍の海洋支配にどのように抵抗するかを熟考した際に提示されている。「現存艦隊」の司令官は、たとえ彼の海軍が全体として劣勢にとどまり、あるいは地図上のさまざまな場所に分断されていたとしても依然として選択肢があると彼は主張する。彼はこれらのオプションを「積極防衛」の傘の下に分類している＊70。この概念の神髄は、弱い側の競争者は、現存艦隊の単なる存在自体が敵を威圧することを期待して安全な場所へと受動的に避難する必要はないし、すべきではないということである。その代わりに、弱者は状況を自らの手中に収める——戦術レベルで攻勢にでて打撃を加える機会を探し、時間をかけて、自らを敵と比較して強くしていくべきなのである。

劣勢な対抗者は魚雷や機雷攻撃（今日の状況だとミサイル発射も）のような非対称戦術を通じて、敵を繰り返し攻撃し相手の優越を少しずつ削り取っていくことができる。あるいは何度も言及したように、弱者は特定の場所と時間に、遭遇が予期される敵分遣隊よりも自分たちが強くなるように兵力を集中させることができる。集中することでコーベットが「小規模な攻勢作戦」と呼んだ作戦を仕掛けるのに役立つのである*71。積極的な指揮官は、敵が全体としては自分たちより強力であっても、攻勢的な戦術レベルの交戦に勝つことができる——そしてその過程で敵の戦略的優越の持つ能力格差を削り取っていくことができる。

実際、コーベットは「真の防勢は攻撃する機会を持つことを意味する」と述べている。防勢の核心は攻勢なのである。「防勢の強さと本質は反撃」であり、一方で防勢的手段は「常に攻撃すると脅かすか攻撃を秘匿する」*72。彼は一時的に数的劣勢に陥るか、火力で凌駕されたことに気づいた指揮官に次のように勧告している。


もし攻勢をとるのに十分なほど相対的に強くないなら、そうなるまで防勢をとれ——
（一）攻撃やその他の手段によって、敵が弱体化するよう仕向けることによって。
（二）または、新しい戦力を発展させたり同盟国を確保することにより、自身の勢力を増すことによって。*73

防勢とは急場をしのぐ方法なのである。ひとたび十分に強力になったならば、艦隊は攻勢に出てマハン的な台本に従うのだ。

積極防御の多国籍的な次元は強調する価値がある。歴史を通じて、劣勢な対抗者は自らの海軍力を同盟およびパートナーシップを通じて補ってきた。彼らはさまざまなやりかたで海軍力を補強している。連合国は両大戦中に海で共同戦線を張り、自分たちの海軍力を対等なパートナーシップの中で結集した。歩兵中心の強国であった古代スパルタは、高く評価されていたアテネ海軍を打ち負かすために、実際にペルシャから艦隊を借り受けた。英国の指導者は一九四〇年のフランス降伏後に、ナチスドイツがフランス海軍をこっそり手に入れるのではと恐れた。そして、視点を変えれば、敵の海洋同盟を破棄させたり、その成立を阻止したりすることで、自分に有利なように敵を弱体化することにつながる。

次に積極防衛とは、最後の決着への前哨戦として自らの力を強化しながら、自分より強い敵の戦略を妨害し、そのような敵の力を少しずつ削り取る手法である。コーベットは英蘭同盟がフランス相手にしのぎを削った一六九〇年に英国本国艦隊の司令官であったトリントン伯爵アーサー・ハーバート（Arthur Herbert）の例を提示している。フランス海軍はアイルランドに陸軍部隊を上陸させてそこで英国に面倒を持ちこむことを狙っていた。英国の本国艦隊はフランス艦隊よりも弱体であったが、トリントン伯爵はフランス艦隊に付きまとうことでフランスの計画を挫くことができると気づいた。つまり、彼は戦闘のために射程内に踏み込むことは拒否しつつ、敵の後をつけまわしたのである*74。

トリントン伯爵の艦隊はフランス人を完全に打ち負かすには弱すぎたのだが、フランス軍の指揮官であるトゥールヴィル伯アンヌ・イラリオン・ド・コタンタン（Anne-Hilarion de Costentin）が水陸両用上陸を実行するために輸送船を沿岸に近接させる命令を下すリスクを冒せない程度には強力であった。トゥールヴィル伯爵は上陸を取りやめ――トリントン伯爵は艦隊同士の交戦の危険を回避しながら目的を達成した。コーベットはトリントン伯爵を「防衛の最高の原則に基づく計画――新鋭戦力の獲得が攻勢に戻ることを正当化するまで待った」ことについて敬意を表している＊75。彼はまた、その後優勢な敵に対して艦隊戦を開始することをトリントン伯爵に命じた英王室を酷評している。英国の指導者はアイルランド沖における華々しくはないが賢明な戦略を臆病と勘違いし、戦術的な問題を自ら掌握したが、勝利の望みがほとんどなかったビーチー・ヘッドの海戦で本国艦隊が打撃を被るのを目の当たりにすることになった＊76。

ビーチー・ヘッドでの失敗は不必要であると同時に予見可能であった。うまくいった積極防衛は、弱者が敵の戦闘力を低下させつつ、自らの戦闘力を増強することを可能にする。両者の戦闘力のグラフは、双方の競争者をそれまでの弱者が従来の強者を上回るようになる交点まで結び――そしてマハンの心を熱くすると思われる艦隊決戦で決着をつけるのだ。早期の戦闘を軽率に追及することでなく、これこそが現存艦隊が勝利を収めるやり方なのである。米国の戦略家は、もし自分たちが将来、一時的に劣勢に立たされたと感じたならば、どのようにしてコーベットの洞察から助けを得られるかじっくり考えておくべきである。同時に、自分たちより弱い敵対者が米海軍と対決したときに、コーベット的な洞察をどの様に利用するかについても熟考すべきである*77。

どうやって海洋を支配するかについてのコーベットの考察には、ただし書きを追記する価値がある。マハンに同意して戦闘とは純粋に主力艦の問題であり、重装備の部隊を打ち負かすことで結果が決まると思い込むことは簡単である。例えば、戦略家たちはアメリカの航空母艦への攻撃の可能性について懸念している。これは本当に重要な問題なのだ。しかし抜け目のない敵はその他の、米国の海軍力のインフラを構成するもっと弱い構成要素を攻撃できるだろう。例えば、アメリカの艦隊に燃料、弾薬あるいは補給品を運ぶ戦闘兵站《へいたん》艦艇を無力化することで、艦隊は数日以内に行動不能になってしまう。原子力推進の空母でさえ、艦載戦闘機と支援航空機に供給するジェット燃料がひとたび足りなくなれば、自分が無力であることに気づくだろう。兵站に対する攻撃は、戦闘任務を実行する能力を部隊から奪い、空母戦闘団を「任務遂行不能《ミッションキル》」状態にするかもしれない。

あるいは、もし他国の海軍基地がミサイル射程内あるいは航空機の攻撃圏内にあれば、敵対者はこれを攻撃できるだろう。一九四一年に大日本帝国海軍の機動部隊はハワイの太平洋艦隊基地に至るために、嵐の北太平洋を数千海里も航海しなければならなかった。今日、ハワイの真珠湾に相当する基地は、潜在的な敵の武器の完全な射程内にある。中国のようなこの地域の敵対者は、艦艇あるいは軍用機を派遣しなくても、日本あるいはグアムの重要施設を攻撃できるだろう。人民解放軍は中国国内からアメリカの基地を攻撃できる車載型の弾道ミサイルを配備している*78。実際、そのような敵対者にとって、アメリカの強点を迂回することは当然の選択だ。〔魚雷や機雷の発明により〕絶大な力を与えられるようになった小艦艇群に関するコーベットの懸念を考えると、彼がこれに同意することは、誰もが予想している。対艦ミサイルは彼を困惑させた技術的な非対称性を最も象徴しているのだ。

主力艦よりも兵站に狙いを定めることは奇抜なアイディアでも何でもない。歴史家のクレイグ・シモンズ（Craig Symonds）は一九四〇年一一月に行われたイタリアのタラント港空襲に際して、英国海軍の航空機がイタリアの兵站結節点を破壊するために時間を割いたことを強調している*79。彼らはイタリア海軍の兵站面での欠点、特に極めて不足していた燃料補給に付け込んだのだ。一年後、日本軍のパイロットは真珠湾で同じような好機があったのにこれを見逃してしまった。彼らは米艦艇に火力を集中した結果、艦隊を再建し支援するために必要とされたインフラをほぼ手付かずのまま残したのだ。日本軍は、損傷艦艇の大半を修復することになる乾ドックを破壊することができたはずだ。彼らは艦隊の燃料補給タンクを破壊することだってできた。しかし、日本軍はこれをやらなかった。チェスター・ニミッツ（Chester Nimitz）海軍大将が一九四一年一二月に太平洋艦隊の指揮を執るために着任したとき、彼は日本の飛行機乗りが逃した好機に驚いた。そして、彼はこれらのインフラを直ちに反攻のために使い始めた。敵のマハン的なシーパワーの連鎖を取り除くための方法は一つに限らないが、日本は太平洋で米国と対決してこれを行うチャンスを逃してしまったのだ。

やっと手に入れた制海を利用することが、コーベットの計画における最終段階である。敵の戦力を完全に消滅させるような勝利はほぼありえないという認識に立っていたので、彼は船舶交通の襲撃を試みるかもしれない敵の残存部隊に対して、自分たちの力を集中するのに十分なだけ近接しつつ、同時にできるだけ海上交通路全体に広がって兵力を展開させることを指揮官に勧めた。集中と分散を巧みに扱うことは、マハンやその他の戦略の達人にとっても確かにそのとおりなのだが、コーベットにとっては以下に述べるように「実践的な戦略の大きな部分」を象徴していた。「海軍の集中の目標は、できるかぎり幅広い海域を掩護し、同時に、その有機体の二つ以上の部分の、そして掩護海域のいかなる部分であっても、統括者の意図するままに急速な凝縮《コンデンセーション》を確保することである。そして、何よりも、戦略的中心への全戦力の確実で急速な凝縮を確保するために、伸縮自在な結合を維持することである」*80。

確かに、この指針は紛争のあらゆる段階に適用される。港内の敵を封鎖していた艦隊も敵の船舶交通を公海から切り離している門扉を閉ざすために、必要に応じて散開する。敵艦隊から決戦を拒まれた艦隊も、戦闘の時が至れば迅速に集結する――ゴムバンドで取り付けられていた部品が元の位置に跳ね返るように――という条件で、海を警備するために散開する。しかし、巡洋艦が海上交通路の端から端まで散らばると、そこで彼らは逃亡中の艦艇や敵艦隊からの分遣隊により圧倒される可能性があり、そのような問題は深刻である。巡洋艦または小艦艇群を救援するために、重装備の部隊をどの様に展開するかを決定することは、海洋支配を十分に利用する上でも――それを勝ち取るためにも重要である。

特別な例：「累積」作戦

海洋戦略の達人の二人が意見を異にする根本的な問題は、シーパワーはそれだけで戦争に勝てるのかということである。マハンはそう考えており、古典古代まで歴史をさかのぼった中で、シーパワーを決定的な力であるとみなした＊81。コーベットはそのような事例はほとんどないと応酬している。彼の回答は「海洋戦略の諸原則」の冒頭に述べられているが、彼は海上戦闘それ自身が決定的であったことはめったにないと断言している。「援護がないと」海上交通路のコントロールは「消耗の進行」を通じてのみ機能しうるが、消耗の「効果が現れるのには常に時間がかかり、自国の商業界と中立国の両方にとって耐えがたい」。このため、政治指導者は敵の船舶交通路に対する圧力――敵、味方、傍観者の交易に等しく不都合な圧力を維持するよりも、しばしば低水準の妥協による平和を受け入れるとコーベットは述べている＊82。

Ｊ・Ｃ・ワイリーはコーベットがさりげなく触れたアイディアを拡張し、通商戦争あるいは「船舶を標的にした戦争」を「累積」作戦の名称で表現した。ワイリーは軍人というものは通常、「順次」戦役の観点から考えると指摘している。彼は次のように述べている。「通常、我々は一般的に戦争というものを、すでに起こったことから自然的に進展させるものであり、今まで起こっていたものに左右されるような、不連続の段階や動きによって構成される一連の現象として現象として考えるものだ」　順次的な流れの各段階――通常は戦術レベルの交戦――はその前の段階に左右される。もし、ある戦闘が異なる結果になったら、「そこで順次的な流れが妨害されて、変化させられてしまう」のである*83。

もし、段階的な研究手法がおなじみのものであれば——順次戦略は地図または海図の上にある最終目標にむけた連続した線、曲線あるいはベクトルで記入することができる——ワイリーは「他にも戦争を妨害する方法」についても予言している。いくつかの作戦は「小規模の行動の集合によって成り立っており、しかもこの小規模の行動がそれぞれ前後の順序を踏んで起こるわけではないようなタイプのものである。この小規模な行動の一つ一つは、戦争の最終結果にとってはプラスであれマイナスであれ、個別の数値のような価値しか持たないものだ」*84。戦術的な交戦はお互いに独立して行われ、ある最終目標に向かって次から次へと一直線に段階的には進まない。地図あるいは海図に記入すると、累積的な行動はあたかも二歳児が指に絵の具をたっぷりつけてそこら中にはね散らかしたように見えるはずだ（私が子供のころそうだったように）。

十分な資源、熱意、忍耐心とともに遂行されると、累積作戦は敵を打ち砕く。しかし、その中では決戦は行われないし、あるいは際立った戦闘すらもない。一隻の貨物船、あるいは一隻の輸送船の喪失は戦争の行く末にほとんど影響を及ぼさない。しかしながら累積的に、長い時間をかけて多くの貨物船あるいは輸送船が失われると、その衝撃は深刻なものとなりうるのだ。これは統計による戦争であり——コーベットが書き記したように——時間とともに敵を疲弊させることで機能するのだ。第二次世界大戦中の日本に対する米国の潜水艦作戦は、典型的な累積戦役であり、この戦争の従軍者であるワイリーにひらめきを与えた可能性がある。

コーベットのように、ワイリー提督は累積作戦――水上艦による襲撃、潜水艦戦、空爆あるいは反乱戦並びに対反乱戦――がそれだけで戦争の成り行きを決定したことはないと否定している＊85。累積作戦はもし極めて長期間にわたって遂行されれば、最善の場合でも敵を消耗させることができるだけだろう。しかしながら、累積作戦はお互いに順次作戦を展開する二人の対等な敵の間に、違いをもたらすことができると彼は強く主張している＊86。絵の具をまき散らすようなやり方は、順次作戦を遂行するための敵戦力を疲弊させることでわずかな違いを生じさせる。もし累積作戦による手法が違いを作り出すものであるとするならば、敵に対してどのように非線形な戦い〔累積作戦〕が線形な戦役〔順次作戦〕を補完するのか――そしてどのようにして敵の累積作戦に対抗するのか、海洋戦略家は考察する価値がある。

トラブルメーカー戦略：分遣隊《コンティンジェント》による戦争

敵を弱体化させる方法は他にもある。例えばコーベットは戦略家たちに大規模戦争において「分遣隊による限定戦争」をどのように行えば良いかを考えるべしと助言している。一般に、政治指導者と最高司令官は特定の戦域に対して明白な作戦目的および戦略目的を設定し、これを達成するために部隊を派遣する。目標が駆動するこのようなやり方は、全体的な政治目標を推進するうえで役に立つ。分遣隊による戦争はこのルールに挑戦するものである。名称がほのめかしているように、上級指導者はある指揮官に新しい戦域を開拓し、できるだけ多くのトラブルを起こすようにという指示を与え、分遣隊を割り当てる。これは目標が駆動するというよりも、手段が駆動する戦争のやり方だ。

英国はイベリア半島でナポレオン時代のフランスを相手に、このトラブルメーカー戦略を駆使した。コーベットは、アーサー・ウェルズリー（Arthur Wellesley）卿、後のウェリントン公爵にしてワーテルローの勝者が一八〇八年に約五〇〇〇〇人で編成された「分派可能部隊《ディスポーザル・フォース》」をイベリア半島へ率いていった方法を詳述している。（単純に言いすぎているかもしれないが、「分派可能部隊」は主戦域あるいは主戦役の資源を不足させることなく、ウェリントンの戦い〔スペイン戦役〕のような周辺部での戦いに勝利を収めるために、交戦国が割くことができる部隊のことである。何か二義的なもののために、政策立案者が大切にしているものを危険にさらすようではほとんど意味がないであろう）。英国海軍により海から支援されたウェリントンの陸軍は、ポルトガルとスペインのパルチザンと協力して、フランス軍を拘束し、フランス東方の主戦場からフランス軍の戦力を吸い上げた*87。英国と同盟国による嫌がらせはあまりに効果的だったので、ナポレオンは彼の「スペイン潰瘍」について反省しつつも、冗談の種にしたほどだ*88。

分遣隊による戦争を遂行することは、潰瘍のように致命的ではないが犠牲者を悩ませ続ける継続的な痛みを与え、決して治ることはない。大日本帝国海軍がソロモン諸島に進出したときに、米国がそこで抗戦することを決断したことも、同様に分遣隊による戦争と見なすことができる。日本はソロモン諸島で損失を出す余裕がなかったが、アメリカは攻勢作戦のために軍隊が本土で人員を召集し、産業が十分な量の戦争資材を製造するまでの間、太平洋のどこかで殴り合う場所を必要としていた。日本軍もまた潰瘍を患ったのだ。戦略を差配する者は――敵の意志と決意をむしばみながら、主戦域への圧力を軽減しつつ――敵をどこでどのように潰瘍にかからせるかを考えるべきなのである。

新しくつくられた古いアイディア：接近拒否と領域拒否

米国の戦略コミュニティは昔からある現象に新しいラベルを張って、この現象はこれまでに見たことがないものであると断言する傾向が強い。例えば、学者や報道記事はデイヴィッド・ペトレイアス（David Petraeus）陸軍大将をイラクのための新しい対反乱戦略を提唱したことで称賛した――彼は一般に新たな洞察と信じられているものを野戦マニュアルに集大成したが、これは一九四〇年に米海兵隊が発行した『小さな戦争マニュアル』、および反乱に関する既存の理論的著作物ならびに一世紀以上の不正規戦に対する米軍の経験を非常に思い起こさせるものであったことは問題にならなかった*[89]。これは忘れっぽいという多くのアメリカ人の性格を強調する一つの事例に過ぎない

これは議論する価値のある傾向だ。軍事問題に関し、この世に新しいことなどほとんどない。過去の英知を忘却し、それを再発見しなければならない海軍や海兵隊などは、過去を研究してそこから洞察を導いている競争相手と比較して、知的な意味で足枷《あしかせ》をはめられている。再発見

のプロセスは努力と時間の浪費なのである。

最近の適切な事例としては「接近拒否」および「領域拒否」の戦略および武器体系をめぐる議論がある。接近拒否の概念は使い古されたものであり、昔からある「海洋拒否」という概念の末裔《まつえい》である。ハイテク技術が接近拒否と領域拒否の名の下で、由緒ある戦略的なアイディアに新たな命を吹き込んだのだ。地域内の敵対者により一般的に遂行されているこの戦略は、二重の目的を含んでいる。一つ目として、この戦略の実行者は彼らがアクセスを阻止したいと考えている区域に外部の敵が侵入することを完全に抑止することを好む。キッシンジャーの抑止の論理を利用することでこれが可能となるだろう。立入禁止区域全域で効果的に攻撃する能力――あえて禁止区域に入ろうとする艦船には繰り返し打撃を加える能力――を誇示することは、抑止の目標である。もし外部の大国の指導者が、そのために沈没したり損傷した艦船、あるいは溺れたり負傷した乗組員といった高い代償を支払うほどの目標を望んでいないのであれば、彼らは接近拒否区域に押し入ろうと試みないであろう。介入に対する敵の費用便益計算を改変することにより抑止は成功するのだ。

あるいは二つ目として、抑止する側は脅威を現実のものとし、接近拒否の脅しを拒んで進入の代価を受け入れるような敵の動きを鈍らせるのに十分なだけ強力でなければならない。時間こそが防衛側が欲するものである。損害を与えることで敵艦隊を弱体化し、その進撃を遅らせることで、敵が戦域に到着する前に目標を達成するための十分な時間を防衛側に与えることになる。たとえ敵対者が遅ればせながら接近阻止防御を突破したとしても、防衛側は既成事実を作り上げているかもしれない。言葉を換えれば、地元チームは遠征チームが極めて高いコストと危険――仮にあったとしても――を代償にすることによってのみ逆転できるような状況を作り上げていく。費用便益計算はそのような行動方針に対して影響を与えるのだ。

日本の戦略家は航空時代の接近拒否戦略の開拓者である。一九〇七年までに、大日本帝国海軍は米海軍を次なる仮想敵と見定めていた*90。日本海軍の計画立案者は太平洋の島々に軍用機を、その隣接海域に潜水艦を配備することをもくろんだ。これらの前方警戒部隊は、最も可能性の高いものとしてはフィリピン、あるいはその他の攻囲された米国領土の救援に、ハワイあるいは米西海岸から来援する米太平洋艦隊を迎え撃ったであろう。日本の戦略家はバラバラな攻撃によって無条件に勝てるだろうという勘違いはしていなかった。彼らは損害を与え、敵を疲れ果てさせることを考えていたのだ。繰り返されるちょっとした打撃は、西太平洋のどこかで行われると予想された日米決戦の前奏曲であり、不均等な艦隊の間のハンディキャップを均等にしたかもしれない。

別の言葉でいえば、接近拒否は積極防衛の一形態であり、より弱い防衛側にとっての優れた均一化装置である。それは自分より強力な敵を妨害することができる。そのような敵に自分の本当の実力を思い知らせてやりながら――そして防衛側が妥当なチャンスとともに勝利を競うのを助けながらそうすることができる。防衛側は艦隊の大きさを決定するための「一般的な公式」を再利用することができる（第2章で吟味された）。例えば「陸上からの火力に支援された戦闘艦隊は、出港して遭遇する可能性がある最大の敵部隊を相手に、妥当な勝算をもって戦うのに十分な大きさであるべきである」という公式である。おそらく米海軍と合同した統合軍部隊の一部は、敵空軍および戦略ミサイル部隊に支援された戦闘艦隊全体を相手に対決することになるだろう。接近阻止を行う敵の海、ミサイル、防御の統合戦力は、米国および同盟軍がユーラシア大陸の海と空で自らの目的を達成するのに十分強力か否かを測る物差しになる。

手短に言えば、接近拒否とはあらゆる侵入者を阻止するような突破不可能な壁を建設することではない*91。中国の万里の長城でさえ、陸戦においてそのような基準に達していない。万里の長城は、中央アジアの遊牧民の攻撃の勢いを鈍らせ、その方向を誘導する。そして彼らが壁を突破した後に長城の背後に待機している機動兵力がこれと会戦して撃破するのだ。これこそが長城の考案者が計画していたことだった*92。接近拒否とは強襲の衝撃をうまく乗り切ることであり、立入禁止区域の奥深くの防衛側が最も大事にしている戦場に攻撃が達することを防ぐことである。例えば、もし中国軍が台湾を征服するのに数日間が必要で、米国の介入を数日間あるいはそれよりも長く遅らせることができれば、接近拒否はその目的を達したことになる。アメリカンフットボールで使われる言い回しで言うと、接近阻止は「曲がっても折れるな」という防御である*93。それは、沖合の海域を行き来する自分よりも強い部外者に対し事態を難しくすることを狙う、弱い競争者にとってはますます好ましい防御の様式である。

要するに、アクセスを遮断するというアイディアは今に始まったものではないのである*94。一世紀前、アルフレッド・セイヤー・マハンは武器の射程が伸び、命中精度が向上する時代の到来とともに、ある戦闘手段が初めて真価を発揮するのを目の当たりにした。それは「要塞艦隊」であり、接近拒否の一部を構成している＊95。マハンはロシア軍指揮官が一九〇四年から一九〇五年の日露戦争の期間中、防護のためにロシア太平洋艦隊の大部分を中国の遼東半島にあった大規模港湾である旅順の砲列の下にとどめておいたことを非難した。うわべは、艦隊は要塞の沖合を防衛することになっていたが、実際には要塞の砲門の下に避難していた。マハンは戦闘艦隊を要塞艦隊として運用することは大海で戦ううえで「根本的に間違った」方法であると述べた。沿岸砲兵の射程内に避難することは、戦闘艦艇の行動範囲を制限するとともに、指揮官に小心と自己保身過剰な精神を植え付ける。結局のところ、一九〇四年から一九〇五年の大砲の最大有効射程はわずか数海里に過ぎなかったのだ。地図上に要塞を中心にその半径の円を描くと、要塞艦隊の作戦範囲が描かれる。これは全くもって窮屈な海域だ。

マハンは彼の時代にあっては正しかったのだが、彼の批判は概念に含まれる欠陥ではなく、軍事科学技術の発展に左右されていた。日露戦争当時の射撃と射撃管制技術は、長距離火力支援の概念を実行に移すことができなかった。しかし、アイディアそのものは悪くなかったのだ。試しに思考実験をしてみよう。もし、旅順の砲台が戦争のヤマ場となる海上戦闘が行われた黄海から対馬海峡にかけて、日本の海上交通を攻撃できる射程と射撃精度を誇っていたらどうなっていただろうか？　これは現代にも適用できる適切な例となっている。精密な沿岸砲兵火力はあらゆる戦域で、東郷平八郎提督の優勢な艦隊に対抗してロシア艦隊に保護を与えたであろうし、そうなったら何が起きたかは誰にも予測できない。もし、ロシア軍の正確な火力支援がたったの数海里ではなく沖合数百海里に延伸していれば、ロシア政府にとって状況は好転していた可能性が高い。沿岸砲台は、要塞からの防御範囲を拡大しながら、ロシア軍の指揮官に沖合における広範囲の作戦を追求できるようにしていただろう。

実際には、その後、マハンは遠回しなやり方ではあるが要塞艦隊構想を称賛した。もはやこの独特な戦略は誤りではないのだ。実際、これは現地で防衛する側にとっては当然の選択である。一例をあげると、中国は主として大量の対艦ミサイルおよび対空ミサイルの一覧表の上に接近拒否戦略の基礎を築いている。人民解放軍は、敵艦隊が戦場へ近接するはるか手前の、沿岸から数百海里の地点で航行中の船を攻撃できるという評判の対艦弾道ミサイルで武装した、人民解放軍ロケット軍を配備している。長距離火力支援のアイディアを得るために中国の戦略家が日露戦争を調査する必要があったかどうかは疑わしいが、要塞艦隊についてのマハン的な概念は彼らの思想を追認している。

要塞艦隊は、近年新しく作られた古いアイディアの中の唯一のものでもない。テオフィル・オーブ（Théophile Aube）提督はマハンの分身だった。このフランスの指揮官は、大英帝国海軍のような海洋覇権に対抗することを模索した一九世紀の戦略学派である「青年学派」（jeune école）の開祖である。この概念は、沿岸海域におけるある種のゲリラ戦を想定していた。青年学派の信者はオーブのフランスのような二流の海軍力が、魚雷、機雷、潜水艦および水上哨戒艇といった非対称技術を利用することで、沖合の水域から圧倒的に強力な艦隊を追い払うことができるだろうと信じていた。そのような艦艇は軽量で安価であったが、沿岸海域では戦艦や巡洋艦を苦しめることができたであろう＊96。単に沿岸地域を保護すればよかったフランスのような大陸国家にとってはそれで十分だったのだ。青年学派の小艦艇はコーベットを大変悩ませた、極めて強力な打撃力を持つ小艦艇群の構成要素でもあった（第2章を参照）。これが海洋拒否の本質だったのだ。

オーブ提督の時代に有望なアイディアであったものは、今日の現実においても一層、共感を呼んでいる。テクノロジーは水上戦闘艦艇に大打撃を加えることができる武器を潜水艦や小型艇に装備させ――そしてその過程において青年学派戦略を、魚雷と機雷が未だ揺籃《ようらん》期にとどまっていたオーブの生前とは全く異なるやり方で実行可能にした。青年学派と要塞艦隊構想を精密誘導技術と融合させることは、我々の時代の海洋覇権――すなわち米海軍――に対抗するために、短射程ミサイルおよび魚雷で武装した小型艇の群れと、これと連携した陸上発射型の武器を防衛側に配備させるのだ。

そして、これには成功の見込みがかなりある。接近阻止は防衛側の戦闘艦隊固有の火力を増大し、次に防衛側の本拠地に遠征した大国の部隊に高いコストの支払いを要求する。要するに、陸上に基盤を置いたシーパワーとは、本国から遠く離れて戦っている優勢な側に対して対等に立つための劣勢な側のやり方である。陸上からの火力支援の恩恵を受けている艦隊は、もし、そのような火力支援の圏内で戦闘が行われる場合――米国政府、中国政府、ロシア政府その他の潜在的な交戦国から示されている戦略目標の声明から判断すると将来戦の大半はそうなる――優勢な敵艦隊に対しても勝ち目がある。

セオドア・ルーズベルトは海上型と陸上型が共同したシーパワーについて結びの言葉を述べ

るのに適当な人物である。一九〇七年の議会教書および一九〇八年の海軍大学で開催された「戦艦会議」における演説の中で、ルーズベルト大統領はランドパワーとシーパワーの間の共生関係について弁舌をふるった。彼にとって、両者は軍事力において相互に強化しあう軍事部門を意味していた。彼は沿岸砲兵と小型艇の乗組員は海上からの襲撃に対して海港を防衛する重責をともに担うべきだと主張した。彼らが沿岸を防衛することで、戦艦艦隊は公海を遊弋する敵との戦いを挑むための自由を与えられるであろう。統合化された分業は、ルーズベルトの言葉によれば、艦隊を「身軽」にし、「敵艦隊の捜索と破壊」のために自由の身にする。破壊という使命は「艦隊の存在を正当化しうる唯一の機能」を象徴していると大統領は宣言したのだ*97。

ルーズベルトの沿岸砲兵や軽艦艇のように、十分に濃密で絡み合った沖合防御ラインは、今日の水上艦艇を身軽にできるだろう。これこそが、古い戦略的アイディアを新たなものにしている者たちの究極の目的である。地域大国は自らの本土と近海を、主に要塞艦隊と青年学派の武器体系で守ることができる――そして、彼らの水上艦隊の大半を遠方海域における遠征のために解放することができる。シーパワーはもはや、戦闘艦艇だけの問題ではないのだ。それは地図上の係争区域に戦力を投射できる統合部隊の問題なのである。戦略家もまた、統合的に考えなければならないのだ*98。

マキャベリの警告：文化に気を配れ

戦略家たちと海洋軍種は、この本に示されている概念とアイディアのすべてに、そしてそれ以外のものにも精通しなければならない。ニッコロ・マキャベリは、将来の戦闘に向けて準備をすることは、新しい技術を発明し、作戦的および戦略的目標を達成するための手段を徹底的に開発する問題であるのと同時に、文化的な事業でもあると付け加えるであろう。それは新たな時代に向けて海事文化をよみがえらせることだ。これは終わりのない任務であり、時代は常に生まれ変わっているのだ！　最後にその結果として、海洋戦略に終わりはないというマハン提督の忠告を思い起こす価値がある。海軍の当局者は平戦時を問わず海洋戦略を推進しなければならない。平時の戦略家の仕事とはシーパワーが象徴するものを蓄え管理することであり——それは通商、外交、海軍力の間の好循環を起動し、維持することでもあるのだ。

海軍と軍事の領域では、これに機器と武器を製造し維持すること、計画を管理すること、軍の日常生活の大半を占めるその他無数の任務を遂行することが含まれる。これらの業務を通じて海軍のための「サプライチェーン」が壊れることなく強靭《きょうじん》に維持されなければならない（第1章および第2章参照）。そしてこれには戦略と作戦の物理的次元に持ち込むのと同じ決意と熱情をもって、人間の美点に磨きをかけることも含まれる。平時および特に戦時の優越を好む組織文化を育てることも、戦争のような企てにおいて競い勝利を収めるためには決定的に重要となる。

組織文化を総合的に論述することはこのコンパクトな本の範囲を超えているが、あらゆるレベルの指導者はこの道の達人からの助言をいくつか心に刻むべきだ。彼らは人間の本質、変化のもたらす試練、および繁栄するためにそのような試練を乗り越える義務、に対するマキャベリの洞察からひらめきを得るべきなのだ。なによりもまず、一般的な正説に盲従することは起業家精神を殺す。社会学者のマックス・ウェーバーは海軍、陸軍および空軍のような官僚的組織をまるで機械であるかのように描いている*99。標準化された規則と手順が業務の遂行を支配しているのだ。

そして、一世紀前のウェーバーの視点に立つと、それは良いことであった。まるで物理的な機械装置のように、官僚機構は毎回正確に同じやり方で繰り返し定常業務を実行する。それは機械のような効率の良さで定番の演目を上演するのだ。したがって官僚主義的な習慣として、定例の業務を効率的に実行している者には報酬が与えられて、そうでない者は罰が下される。昇進、表彰およびボーナスは業務のなかでスムーズに機能している歯車に与えられる。

しかし、考えてみるがよい。機械装置は現代文明のために素晴らしい働きをしてきたが、機械は周囲の業務環境が変化しても容易に適応することなどないし、自分たちの業務から外れた職務のために自ら進んで自己改革したりすることもない。ベトナム戦争で米陸軍と協力して民軍司令部を取り仕切ったロバート・コウマーは、両大戦と朝鮮戦争が米陸軍の戦争のやり方を形作ったと強調した。このため陸軍将校は通常戦の戦い方を当然視して成長していた。その結果、通常戦のアイディアは米陸軍のドクトリンとハードウエアに焼き付けられていたのだ。インドシナに送り込まれた兵士は〔ゲリラ戦ではなく〕通常戦を戦うつもりでおり、それこそ彼らが着手しようとしていたことだった＊100。退役陸軍将校であるアンドリュー・クレピネヴィッチ（Andrew Krepinevich）は、陸軍が将軍たちの固定的な戦争「概念」をベトナム戦争に投影し――そして反乱戦の現実をそれまでの好み〔通常戦〕に合致させようとしたと述べている＊101。

現実は陸軍の先入観には従わなかった。官僚主義的な組織は、指導者が計画した通りに事を運ぼうとしたが、結果は幻滅すべきものだった。海軍もこの悪弊と無縁ではいられなかった。すべての巨大組織は、因習的な考え方と習慣を定めてそれを強制する傾向がある。どうすれば海軍の指導者はこのような傾向から逃れることができるだろうか？　それが存在するということを理解することが第一だ。問題解決への最初のステップはそこに問題があるということを認めることである。別のやり方は「天邪鬼《あまのじゃく》的な批評家」を見つけてきて、任命し、そして権限を与えることだ。中世の教会は公正な手段で、あるいは手段を選ばず聖人候補者の推薦状に異論を唱えて、聖人たる資格を議論するための弁護人を指名していた。教会の神父たちは列聖に対する最も説得力のある議論を求めた。目の前にあるあらゆる賛否両論を検討することで、思考は鋭くなり、一般的な正論に異論を唱え、適切な決定が下される可能性が高まるのだ。

実験心理学者のアーヴィング・ジャニス（Irving Janis）は現代における「天邪鬼的な批評家」の概念を改訂し、「集団思考」に対する組織の最善の解毒剤を処方した。集団思考とは特定のアイディアあるいは提案された行動方針に基づき、反対者に集団が圧力を加えるプロセスである。社会的圧力は反対者を集団の意見に同調させるか、口を閉ざさせる。それは独創性を妨げるのだ。集団思考と戦うために、ジャニスはすべてのチームに独創的な考えをする人を加え、創意工夫と冷静沈着さをもって世間一般の通念と戦うことをそのような者の評価と昇進の条件とすることを、指導者に強く訴えた＊102。賢明な海軍の指導者はジャニスの助言に耳を傾けるだろう。

第二に、自明の理には異議を唱えなければならない。すべてのドクトリンは一時的なものであり、時代や環境とともに変化を免れないものとして取り扱われるべきである。前述のとおり、ジュリアン・コーベットは彼の時代の英海軍指導者を支配していた「戦闘の信念」を軽蔑していた。「戦争の研究において格言が思慮分別の代用品となることを許すことほど危険なことはない」と彼は主張している＊103。自明の理にとらわれるというのは英国固有の問題ではない。二〇世紀のアメリカ最高の戦略家の一人であるバーナード・ブロディ（Bernard Brodie）は、第一次世界大戦前の数年間、欧米のいたるところで格言の乱用が軍の精神をとりこにしていたと主張した。一例を挙げれば、フランスの将軍たちは兵卒の間に十分な敢闘精神が満ちていれば、「火力に対して兵士」を――すなわち固定的な防御施設に対して歩兵を――ぶつけて勝利することができると自分たちに信じ込ませた＊104。その影響は破滅的であることが明らかとなった。海軍の指導者は自明の理、格言、あるいは信念に従って考える傾向に対して注意を払わなければならない。それは自分たちの批判能力を奪い取ることがあるのだ。海軍という職業について確立された真実を信じ込むことは、変化する時代についていくための適応力を妨げる。

それは海洋戦略の立案と実行を損なう可能性があるのである。

第三に、戦争で勝ちすぎることの落とし穴にも注意せよ。並外れた勝利は勝者から敵を奪い、それゆえ、知的にも物理的にも警戒を続ける動機を奪う。アイルランド生まれの英国の国会議員であったエドマンド・バーク（Edmund Burke）は、次のように強調している。「困難とは厳しい教師である……困難と闘うことで度胸が鍛えられ、技量が磨かれる。我々の敵は我々の助手なのである。困難との間の友好的な闘争は、我々に対象との密接な付き合いを余儀なくさせ、すべての関係の中でこれを考察することを強いる。困難は我々が思慮不足であることに我慢がならないだろう」＊105。

まさにそのとおりだ。歴史学者のアンドリュー・ゴードン（Andrew Gordon）は、どうやって英国海軍が主敵であるフランスとスペインの海洋同盟を粉砕して、一八〇五年にトラファルガーの戦いで大勝利を収めたかを詳述している。一九世紀の残りの期間、英国の海上支配に手ごわい挑戦をぶつけるものは誰もいなかったので、英国海軍は帝国の警察活動において自分よりも劣った相手と戦うことに時間を費やしていた。トラファルガー海戦の結果、対等な敵として最も可能性の高かったフランス海軍が排除され、そのプロセスの中で、海軍の指導者たちから戦略、作戦、および艦隊設計を考えるための焦点が失われるという予想外の副産物が生まれた。英国海軍の指導者たちは、警戒心を保つための対等な敵がいなくなってしまったので、堕落の道に屈してしまった。彼らは戦術や管理事項を中央管理しようという誘惑に負けた。上級指導者は艦隊の運動やその他の活動について微に入り細にわたり指揮するという悪習を身につけた。艦長やさらに下級の士官に自分たちの艦を颯爽《さっそう》と指揮することを許す代わりに、最高指揮官は士官の間における積極性を抑圧した。

要するに、ホレーショ・ネルソンの時代の向こう見ずな英国海軍は、熱狂的な管理主義の軍隊へと姿を変え、その行き過ぎは海軍を二〇世紀への変わり目のあとで進取の気性に満ちたドイツの大洋艦隊という形の挑戦に直面しときに準備の不足という形で現れた。この悪習慣はユトランド沖海戦（一九一六年）やその他の交戦で英国の戦術的洞察力に対する不利として働いた*106。

ゴードンはトラファルガーの結果を目の覚めるような大勝利の後の「長期間の平穏な風下」と名付けた*107。彼の比喩はとても適切だ。風下とは船であれ、陸地であれその他の何かであれ、ある物体から見て風とは反対側の舷のことだ。そのような物体は風や悪天候を遮り、そのような避難所の外にいるよりも天候が穏やかに感じるようにする。風下は一時の間、避難してきた人たちを現実から匿う。長期間の風下は風よけをしている人をだまして、天候は常に平穏であると思い込ませるかもしれない。静穏な海を行き来する船乗りは、荒れ狂う海と空に対処するために必要なシーマンシップと精神的な鋭さを失うのだ。

トラファルガーのような戦いにはそのような効果があった。大勝利により脅威が長きにわたって根絶されたので、軍の首脳と当局者は次の対等な競争相手または決戦がやってくることは絶対にないのだと惑わされた。そしてライバルも決戦もないのであれば、どうしてそれに備えて有限の資源と労力を無駄にするのか？　「長時間の平穏な風下」は折に触れて米海軍をもだまし、自己満足へと誘いこんだ。ハーバード大学のサミュエル・ハンチントン（Samuel Huntington）教授は、第二次世界大戦における枢軸国海軍の没落は、米海軍を戦略的に漂流させることになったと強調している。その巨大な艦隊は、敵が大洋の海底に散乱していた当時、特に明白な理由もなく「独りぼっちで壮大に」浮かんでいた。米海軍は議会に対して自らの存在を正当化し、将来の不測の事態についての考察を導くような戦略概念を必要としていたのだ＊108。

さらに時代が進むと海軍の指導者はポスト冷戦期にむけた戦略を形作る努力の一環として、『……フロム・ザ・シー：二一世紀に向けて海軍の準備を整える』（一九九二年）という表題の指針を発表した。指導者ははっきりそうだとは言わなかったが、これは海軍の「歴史の終わり」を宣言したものだった＊109。戦うべきソビエト海軍が姿を消し、水平線上に新たなライバルが出現することもなかったので、米海軍と米海兵隊は自分たちを「抜本的に異なる海洋軍事力」に変革する余裕ができたと考えた＊110。彼らはアメリカの制海に異議を唱えるものは誰一人として存在しないと想定することができた。海は今や米国の遠征軍が陸上に戦力を投射し、人道支援を提供し、その他の価値ある任務を実施できる沖合の聖域になったのである。戦闘は時代遅れのものになったのだ。

別の言葉で言えば、『……フロム・ザ・シー』は米国および同盟軍が戦うことなく制海を利用できるということを宣言していた。「歴史の終わり」は彼らの最初にして最も重要な任務である「大規模戦闘に備える」ことをやめてしまったのだ。上層部から強力な権限を与えられて、海軍は『……フロム・ザ・シー』を実行するための改革に着手した。対等な海軍相手の戦闘に必要な教育、訓練およびハードウエアは冷戦後の「長期間の平穏な風下」の中で衰えていった。

偽りの無風状態は現実を相手の目から覆い隠してしまう。しかし、無風状態が過ぎ去ったとき、唐突に自己主張する方法を現実は持っている。突然の変化は新たな天候にさらされた者を混乱させる。米国の海洋軍種はポスト冷戦期の小康状態から立ち直り、気が付けば歴史の復活に立ち向かうために奮闘していた。この要素は今や中国、ロシアその他の域内大国または世界大国への野心を抱く国との間の大国間競争の形で、米海軍や海兵隊を翻弄《ほんろう》している。

もし海洋軍種が自らの職業について悲観的に見ていたら、そのような苦労を避けることができたであろう。大国間競争の休止を歓迎することは自然なことであるが、戦士たるもの競争が永遠に終わりを告げると決して思い上がってはならないのだ。遅かれ早かれ新たな競争相手が常に現れ、競争は再開されるだろう。これが物事の本質の中にあるものである。軍の指導者は現在、艦隊に加えて米海軍の文化を徹底的に見直そうとしている。成功とは決して既定路線ではない。勝利の余韻に浸ることと、勝利が永遠なるものであると言明することは別物なのである。

最後に、何にもまして、健全な組織文化は自信過剰を受け入れない。古代の人々はこの良識に反する形の傲慢《ごうまん》さに対して警告を発している。それは神、運命、あるいは神意からの罰をもたらす*111。ことわざが述べているように、「驕《おご》れる者は久しからず」なのである。何年もあるいは数十年も君臨してきた軍にとって、優越は生得の権利であると信じ、新たな挑戦者を見くびってしまうのはあまりに容易なことだ。たとえば、数十年もの間、一九二〇年代および一九三〇年代において米海軍大学でおこなった図上演習について、米海軍は自らの先見の明を自画自賛してきた。第二次世界大戦後にチェスター・ニミッツ提督が、海軍大学は日本の神風特別攻撃隊を除いて太平洋戦域において生じたあらゆることを予見していたと称賛したという発言は、一般に広く知られている＊112。

このように戦間期の世代は称賛を受けるにふさわしい。それにもかかわらず、米海軍は大日本帝国海軍に対して重要な点で自信過剰に陥っていた。日本の兵器技術者が真珠湾の浅い入り江で主力艦を攻撃できる魚雷を開発できたことを、米海軍の士官は理解できないと感じていた。日本の技術者はさらに、長射程酸素魚雷をも開発したのだ。

なぜ非常に優れた敵を見くびるのか？　小説家のアーネスト・ヘミングウェー（Ernest Hemingway）は、日本の連合艦隊がどのようにして一九〇五年にロシアのバルチック艦隊を対馬海峡で撃滅し、冷戦中にソ連海軍が再興するまで極東におけるロシアの海軍力に終止符を打ったのかを米海軍は忘れていたのだと主張した。しかし、当時の一般的な評価は大日本帝国など「極めて楽勝な相手」というものだった。ひとたび戦闘が始まれば「巡洋艦の一個隊と数隻の航空母艦があれば東京を破壊できるだろう」「横浜だって同じことだ」と、ヘミングウェーは当時の心理状態を要約している＊113。

日本人が自分で事を運ぶ——そして真珠湾を攻撃するだろうと本当に想像できた者はいなかった。言葉を換えれば、自信過剰は未来を垣間見てそれに備えるための素晴らしい努力でさえ、自分の色に染めてしまうのだ。軍人の経歴を通じて戦略と歴史を学ぶことは――学校に配置されたときに限らず――船乗りと軍全体が手ごわいライバルを軽々しく扱うことを予防するだろう。ライバルに尊敬の念を抱くことが、戦略的英知の始まりである。これがなければ、海洋戦略は揺らいでしまうだろう。

註

＊1 Frans Osinga, *Science, Strategy and War: The Strategic Theory of John Boyd* (London: Routledge, 2007).

＊2 変化を引き起こし、これを管理することは、マキャベリにとって一貫したテーマであったが、共和国と君主国における変化に関して、彼は『ディスコルシ「ローマ史」論』の第三巻第九章で最も鋭い論陣を張っている。Niccolò Machiavelli, *Discourses on Livy*, trans. Harvey C. Mansfield and Nathan Tarcov (Chicago: University of Chicago Press, 1996), 239-241.［ニッコロ・マキャヴェッリ著、本田三明訳『ディスコルシ「ローマ史」論』筑摩書房、二〇一一年、五一九～五二二頁］

＊3 Eric Hoffer, *The Ordeal of Change* (1963; repr., Titus, N.J.: Hopewell, 2006). ホッファーの視点を要約したものとしては、以下を参照。James R. Holmes, "A Longshoreman's Guide to Military Innovation," *National Interest*, March 22, 2016, https://nationalinterest.org/feature/longshoremans-guide-military-innovation-15562.

＊4 カール・フォン・クラウゼヴィッツは、「戦争は決闘を拡大したものにほかならないからである。戦争を個々の決闘の集合体と考えて、その一つの決闘を取り出し、お互いに闘っている二人を想像し

てみよう。両者とも物理的な力を行使してわが方の意思を相手に強要しようとする。彼の第一の目的は、対決相手を打倒し、それによってその後のあらゆる抵抗をまったく不可能にすることにある。つまり、戦争とは、相手にわが意思を強要するために行う力の行使である。」と書いている（強調は原著者）。プロシアの賢人のメッセージは「敵を考慮すること」である。Carl von Clausewitz, *On War*, trans. Michael Howard and Peter Paret (Princeton, N.J.: Princeton University Press, 1976), 75-77.［カール・フォン・クラウゼヴィッツ著、日本クラウゼヴィッツ学会訳『戦争論　レクラム版』芙蓉書房出版、二〇〇一年、二二頁］

＊5 Henry A. Kissinger, *The Necessity for Choice* (New York: Harper, 1961), 12.

＊6 Ken Booth, *Navies and Foreign Policy* (London: Croom Helm, 1977), 15-17.

＊7 Clausewitz, *On War*, 94, 98, 216.［クラウゼヴィッツ著『戦争論』五五、六四〜六五頁］

＊8 James R. Holmes, "'A Striking Thing': Leadership, Strategic Communications, and Roosevelt's Great White Fleet," *Naval War College Review* 61, no. 1 (Winter 2008): 51-67.

＊9 Sun Tzu, *The Illustrated Art of War*, trans. Samuel B. Griffith (1963; repr., Oxford: Oxford University Press, 2005), 115.［サミュエル・B・グリフィス著、漆原稔訳『グリフィス版　孫子　戦争の技術』日経BP社、二〇一四年、一八〇頁］

＊10 クラウゼヴィッツは弱い敵に対しても以下のように気を配っている。「われわれが、このようにきわめて力の差のある国家間の戦争が実際に起こったのを見るのは、現実の戦争が本来の概念の戦争としばしば著しく異なっているからである。その後の抵抗を不能にするかわりに、現実において講和の動機となり得る二つの事がある。第一は勝算のないことであり、第二は将来のために支払う過大な代価である」（強調は著者）。賢い相手は、勝利が相手にとって不可能か、コストが受け入れがたいと思

わせるように画策できる。もしこれが成功すれば、戦う前から勝つことができる。Clausewitz, *On War*, 91.［クラウゼヴィッツ著『戦争論』五〇頁］

＊11 Edward N. Luttwak, *The Political Uses of Sea Power* (Baltimore: Johns Hopkins University Press, 1974), 10-11.

＊12 Luttwak, 6.

＊13 同様に、クラウゼヴィッツは、すべての利害関係者の心の中に戦争というアイディアが存在しているのであれば、平時においても指揮官は武力によって自分のやり方を押し通すことを望むことができるかもしれないと考えた。強制というアイディアがそこに存在するのであれば、紛争当事国は現実に闘うこと抜きに目的を達成することが可能であるかもしれない。戦闘とはさまざまな形態で行われうる。この概念は『戦争論』の翻訳の中でも古い版において顕著である。以下を参照。Carl von Clausewitz, *On War*, trans. O. J. Matthijs Jolles (New York: Modern Library, 1943), 289-290. Luttwak, *Political Uses of Sea Power*, 11.

＊14 Luttwak, 11.

＊15 Luttwak, 11.

＊16 Luttwak, 6.

＊17 Luttwak, 14-15.

＊18 以下を参照。James Cable, *Gunboat Diplomacy 1919-1991: Political Applications of Limited Naval Force*, rev. 3rd ed. (London: Palgrave Macmillan, 1994).

＊19 Richard McKenna, *The Sand Pebbles* (1962; repr., Annapolis, Md.: Naval Institute Press, 2001).

＊20 Kemp Tolley, *Yangtze Patrol: The U.S. Navy in China* (Annapolis, Md.: Naval Institute Press, 1971).［ケンプ・トリー著、長野洋子訳『長江パトロール』出版共同社、一九八八年］

＊21 Luttwak, *Political Uses of Sea Power*, 28-34.

＊22 Luttwak, 41-43.

＊23 Luttwak, 43.

＊24 アメリカの文脈でいうと、警察力は米国憲法修正第一〇条に基づいている。

＊25 Geoffrey Till, *Seapower: A Guide for the Twenty-First Century*, 3rd ed. (London: Routledge, 2013), 282-317.

＊26 U.S. Department of Defense, *Asia-Pacific Maritime Security Strategy*, 2015, Homeland Security Digital Library, accessed July 25, 2018, https://www.hsdl.org/?abstract&did=786636. トランプ政権はこの種の指針を発簡していないが、オバマ戦略を否定することもしていない。

＊27 Robert W. Komer, *Bureaucracy Does Its Thing: Institutional Constraints on U.S.-GVN Performance in Vietnam* (Santa Monica: RAND Corporation, 1972).

＊28 Victor D. Cha, "Abandonment, Entrapment, and Neoclassical Realism in Asia: The United States, Japan, and Korea," *International Studies Quarterly* 44, no. 2 (June 2000): 261-291.

＊29 これらの力学については以下の本でさらに詳述している。James R. Holmes, "Rough Waters for Coalition Building," in *Cooperation from Strength: The United States, China and the South China Sea*, ed. Patrick Cronin (Washington, D.C.: Center for a New American Security, 2012), 99-115.

＊30 Eyre Crowe, "Memorandum on the Present State of British Relations with France and

Germany, January 1, 1907," in *British Documents on the Origins of the War 1898-1914*, vol. 3: *The Testing of the Entente, 1904-1906*, ed. G. P. Gooch and Harold Temperley (London: His Majesty's Stationery Office, 1927), 402-417.

＊31 Joseph S. Nye Jr., *Soft Power: The Means to Success in World Politics* (New York: Public Affairs, 2004). 〔ジョセフ・S・ナイ著、山岡洋一訳『ソフトパワー　二一世紀国際政治を制する見えざる力』日本経済新聞社、二〇〇四年〕

＊32 David Galula, *Counterinsurgency Warfare: Theory and Practice* (New York: Praeger, 1964), 47-51.

＊33 Michele Flournoy and Shawn Brimley, "The Contested Commons," U.S. Naval Institute *Proceedings* 135, no. 7 (July 2009), https://www.usni.org/magazines/proceedings/2009-07/contested-commons. 共著者は海洋公共財の概念を普及させたアルフレッド・セイヤー・マハンに敬意を表している。

＊34 Hal Brands, "Paradoxes of the Gray Zone," FPRI E-Note, February 5, 2016, http://www.fpri.org/article/2016/02/paradoxes-gray-zone/.

＊35 Sam Bateman, "Solving the 'Wicked Problems' of Maritime Security: Are Regional Forums Up to the Task?" *Contemporary Southeast Asia* 33, no. 1 (2011): 1.

＊36 Bateman, 1.

＊37 "U.S. Concerned about Russia's Claim to Northern Sea Route-Pompeo," *Sputnik News*, May 6, 2019, https://sputniknews.com/europe/201905061074756096-us-russia-claim-pompeo/; and "The Sea of Azov, a Ukraine-Russia Flashpoint," Agence France-Presse, November 26, 2018, https://news.yahoo.com/sea-azov-ukraine-russia-flashpoint-114438760.html.

＊38　Arsalan Shahla and Ladane Nasseri, "Iran Raises Stakes in U.S. Showdown with Threat to Close Hormuz," Bloomberg, April 22, 2019, https://www.bloomberg.com/news/articles/2019-04-22/iran-will-close-strait-of-hormuz-if-it-can-t-use-it-fars.

＊39　Clausewitz, *On War* (1976 ed.), 94, 98, 216.〔クラウゼヴィッツ著『戦争論』五五、六四〜六五頁〕

＊40　Clausewitz, 605.〔クラウゼヴィッツ著『戦争論』三三七〜三三九頁〕

＊41　B. H. Liddell Hart, *Strategy*, 2nd rev. ed. (1954; repr., New York: Meridian, 1991), 338.〔ベイジル・ヘンリー・リデルハート著、市川良一訳『リデルハート戦略論』（下）原書房、二〇一〇年、二八四頁〕

＊42　Liddell Hart, 332.〔リデルハート著『戦略論』(下)二五八頁〕

＊43　アジア太平洋地域における米国の大戦略についての素晴らしい二次情報源としては以下の本がある。Michael J. Green, *By More Than Providence: Grand Strategy and American Power in the Asia Pacific since 1783* (New York: Columbia University Press, 2017).

＊44　「リセッショナル（退場の歌）」という用語は、大英帝国の帝国覇権時代への挽歌として同名の詩を書いた詩人のラドヤード・キップリングに由来する。Rudyard Kipling, "Recessional," July 17, 1897, Kipling Society Website, http://www.kiplingsociety.co.uk/poems_recess.htm. システムの管理責任の事実上の引継ぎについてさらに知りたい場合は以下を参照のこと。Kori Schake, *Safe Passage: The Transition from British to American Hegemony* (Cambridge, Mass.: Harvard University Press,

2017); and Walter Russell Mead, *God and Gold: Britain, America, and the Making of the Modern World* (New York: Knopf, 2007).

＊45 Nicholas J. Spykman, *The Geography of the Peace*, ed. Helen R. Nicholl, intro. Frederick Sherwood Dunn (New York: Harcourt, Brace, 1943), 24-25. ［ニコラス・J・スパイクマン著、奥山真司訳『平和の地政学―アメリカ世界戦略の原点』芙蓉書房出版、二〇〇八年、七二～七六頁］

＊46 J. C. Wylie, *Military Strategy: A General Theory of Power Control* (1967; repr., Annapolis, Md.: Naval Institute Press, 1989), 34. ［J・C・ワイリー著、奥山真司訳『戦略論の原点』芙蓉書房出版、二〇一〇年、四一頁］

＊47 Harold Sprout and Margaret Sprout, *The Rise of American Naval Power* (Princeton, N.J.: Princeton University Press, 1944), 202-222. マーガレット・スプラウトによるマハンについての素晴らしいエッセイについても参照のこと。Margaret Sprout, "Mahan: Evangelist of Sea Power," in *Makers of Modern Strategy, ed. Edward Meade Earle* (Princeton, N.J.: Princeton University Press, 1943), 415-445. ［マーガレット・スプラウト著「第十七章：シーパワーの伝道者、マハン」エドワード・ミード＝アール編、山田積昭ほか訳『新戦略の創始者：マキアヴェリからヒトラーまで』下巻、原書房、二〇一一年、一七〇～二一四頁］

＊48 Alfred Thayer Mahan, *Influence of Sea Power upon History, 1660-1783* (1890; repr., New York: Dover, 1987), 79. ［アルフレッド・T・マハン著、北村謙一訳『マハン海上権力史論』原書房、二〇〇八年、一一一頁］

＊49 Julian S. Corbett, *Some Principles of Maritime Strategy*, intro. Eric J. Grove (1911; repr., Annapolis, Md.: Naval Institute Press, 1988), 16. ［ジュリアン・スタフォード・コーベット著、矢

吹啓訳『コーベット海洋戦略の諸原則』原書房、二〇一六年、〇六九頁〕

＊50 米国防省は「統合」を「二つ以上の軍種が参加する活動、作戦、組織など」と定義している。U.S. Department of Defense, *DOD Dictionary of Military and Associated Terms*, June 2018, 123, http://www.jcs.mil/Portals/36/Documents/Doctrine/pubs/dictionary.pdf.

＊51 Corbett, *Some Principles of Maritime Strategy*, 16.〔コーベット著『海洋戦略の諸原則』六九頁〕コーベットのこの一節の表現は常に私を困惑させる。作戦において実際に陸軍を支援するよりも、艦隊が陸軍のために行う可能性のある事の方を「恐れ」ることが、決定的な要素になるのだろうか？この不思議な言い回しは古典であっても聖典として取り扱ってはならないことを思い起こさせてくれる。偉人であっても時にはミスをするのだ。

＊52 Mahan, *Influence of Sea Power upon History*, 365-374.〔マハン著『海上権力史論』二四八〜二五六頁〕

＊53 Mahan, 365-374.〔マハン著『海上権力史論』二四八〜二五六頁〕

＊54 Alfred Thayer Mahan, *The Influence of Sea Power upon the French Revolution and Empire, 1793-1812*, 2 vols. (Boston: Little, Brown, 1892).

＊55 Alfred Thayer Mahan, *Sea Power in Its Relations to the War of 1812*, 2 vols. (Boston: Little, Brown, 1905); and Mahan, *Influence of Sea Power upon the French Revolution and Empire*.

＊56 コーベット著『海洋戦略の諸原則』の編者序文からの引用（三四頁）。Eric J. Grove, Introduction to *Some Principles of Maritime Strategy*, by Julian S. Corbett (1911; repr., Annapolis, Md.: Naval Institute Press, 1988), xxix.

＊57 Frank McLynn, *1759: The Year Britain Became Master of the World* (New York: Grove

Atlantic, 2005).

＊58 Russell F. Weigley, *The American Way of War: A History of United States Military Strategy and Policy* (Bloomington: Indiana University Press, 1973), 21.

＊59 Corbett, *Some Principles of Maritime Strategy*, 323-324. ［コーベット著『海洋戦略の諸原則』四七四頁］

＊60 Corbett, 91. ［コーベット著『海洋戦略の諸原則』一六〇〜一六一頁］

＊61 Corbett, 94. ［コーベット著『海洋戦略の諸原則』一六四頁］

＊62 Corbett, 115. ［コーベット著『海洋戦略の諸原則』一九二頁］

＊63 Corbett, 115. ［コーベット著『海洋戦略の諸原則』四七三頁］

＊64 Corbett, 104. ［コーベット著『海洋戦略の諸原則』一七八〜一七九頁］

＊65 Corbett, 102-103. ［コーベット著『海洋戦略の諸原則』一七六頁］

＊66 Samuel Eliot Morison, *The Two-Ocean War: A Short History of the United States Navy in the Second World War* (New York: Galahad, 1963), 183.

＊67 Corbett, *Some Principles of Maritime Strategy*, 234. ［コーベット著『海洋戦略の諸原則』三四八頁］

＊68 Corbett, 161-163. ［コーベット著『海洋戦略の諸原則』二五五〜二五七頁］

＊69 Corbett, 158. ［コーベット著『海洋戦略の諸原則』二四九〜二五一頁］

＊70 中国共産党の指導者であった毛沢東は積極防衛と事実上同一の概念を同じ時代に作り出し、さらには同じ名前で呼んでいた。積極防衛は今日に至るまで中国の軍事戦略および海洋戦略の指針となっている。以下を参照。M. Taylor Fravel, *Active Defense: China's Military Strategy since 1949*

(Princeton, N.J.: Princeton University Press, 2019).

＊71 Corbett, *Some Principles of Maritime Strategy*, 210, 310-311. 〔コーベット著『海洋戦略の諸原則』三一七、四五二頁〕

＊72 Corbett, 310-311. 〔コーベット著『海洋戦略の諸原則』四五二頁〕

＊73 Corbett, 310-311. 〔コーベット著『海洋戦略の諸原則』四五二頁〕

＊74 Corbett, 212-219. 〔コーベット著『海洋戦略の諸原則』三二〇～三二九頁〕

＊75 Corbett, 215. 〔コーベット著『海洋戦略の諸原則』三二四頁〕

＊76 Corbett, 212-219. 〔コーベット著『海洋戦略の諸原則』三二〇～三二九頁〕

＊77 まさにこの通りかもしれない。中国の戦略家たちはマハンの著作の熱心な読者であるが、同時にコーベットについても参考にしているのだ。James R. Holmes and Toshi Yoshihara, "China's Navy: A Turn to Corbett?" U.S. Naval Institute *Proceedings* 136, no. 12 (December 2010), https://www.usni.org/magazines/proceedings/2010-12/chinas-navy-turn-corbett.

＊78 Toshi Yoshihara, Testimony before the U.S.-China Economic and Security Review Commission Hearing on "China's Offensive Missile Forces," April 1, 2015, U.S.-China Commission Web site, https://www.uscc.gov/sites/default/files/Yoshihara%20USCC%20Testimony%201%20April%202015.pdf.

＊79 Craig Symonds, *World War II at Sea* (Oxford: Oxford University Press, 2018), 85-88.

＊80 Corbett, *Some Principles of Maritime Strategy*, 132. 〔コーベット著『海洋戦略の諸原則』二一六頁〕

＊81 Larrie D. Ferreiro, "Mahan and the 'English Club' of Lima, Peru: The Genesis of *The*

Influence of Sea Power upon History,” Journal of Military History 72, no. 3 (July 2008): 901-906.

＊82 Corbett, *Some Principles of Maritime Strategy*, 15-16. 〔コーベット著『海洋戦略の諸原則』六九頁〕

＊83 Wylie, *Military Strategy*, 22-23. 〔ワイリー著『戦略論の原点』二六頁〕

＊84 Wylie, 23. 〔ワイリー著『戦略論の原点』二六〜二七頁〕

＊85 Wylie, 25. 〔ワイリー著『戦略論の原点』二九頁〕

＊86 Wylie, 25. 〔ワイリー著『戦略論の原点』二九頁〕

＊87 Corbett, *Some Principles of Maritime Strategy*, 60-67. コーベット著『海洋戦略の諸原則』一二五〜一三三頁〕

＊88 David Gates, *The Spanish Ulcer: A History of the Peninsular War* (Boston: Da Capo, 2001).

＊89 例えば以下を参照。 Headquarters, Department of the Army, Field Manual 3-24.2, *Tactics in Counterinsurgency*, April 2009, https://fas.org/irp/doddir/army/fm3-24-2.pdf; Fred Kaplan, *The Insurgents: David Petraeus and the Plot to Change the American Way of War* (New York: Simon & Schuster, 2013); U.S. Marine Corps, *Small Wars Manual 1940* (Washington, D.C.: Government Printing Office, 1940); and David Galula, *Counterinsurgency Warfare: Theory and Practice* (1964; repr., Westport, Conn.: Praeger, 2006).

＊90 David C. Evans and Mark R. Peattie, *Kaigun: Strategy, Tactics, and Technology in the Imperial Japanese Navy, 1887-1941* (Annapolis, Md.: Naval Institute Press, 1997), 150-151.

＊91 二〇一五年から二〇一九年まで海軍作戦部長の職にあったジョン・リチャードソン海軍大将は、中国の海洋軍事戦略を述べる際にＡ２／ＡＤという略語を海軍当局者が使用することを禁じた。リチャ

ードソン作戦部長は、米軍が係争地域への米軍の進出を完全に遮断する戦略を意味することで、この略語は物事を単純化しすぎていると判断したのだ。絶対進入禁止区域などないのだ。例えば、中国の海岸線から航空機の作戦範囲やミサイルの射程を描いたアジアの地図は、武器の射程に入ったものは誰も生き残れないという印象を与える。しかし、現地の防衛軍〔中国〕の能力を過大評価している。Christopher P. Cavas, "CNO Bans 'A2AD' as Jargon," Defense News, October 3, 2016, https://www.defensenews.com/naval/2016/10/04/cno-bans-a2ad-as-jargon/.

*92 Arthur Waldron, *The Great Wall of China: From History to Myth* (1990; repr., Cambridge: Cambridge University Press, 2002).

*93 私は接近阻止を車の「衝撃吸収帯」になぞらえてきた。これは、衝突の際に制御された形で押しつぶされることで身代わりとなる車の部分で、安全上もっとも重要な乗員を外部からの衝撃から守るものである。James R. Holmes, "Visualize Chinese Sea Power," U.S. Naval Institute *Proceedings* 144, no. 6 (June 2018): 26-31.

*94 この概念は古代にまでさかのぼる。例えばマハンは、紀元前五世紀におけるアテネによるシチリア島への海洋アクセスを妨害するためのシラクサ人の対応について言及している。Alfred Thayer Mahan, *Naval Strategy Compared and Contrasted with the Principles and Practice of Military Operations on Land* (Boston: Little, Brown, 1911), 223-231.〔アルフレッド・T・マハン著、井伊順彦訳『マハン海軍戦略』中央公論新社、二〇〇五年、二〇二～二一〇頁〕。以下も参照。Sam J. Tangredi, *Anti-Access Warfare: Countering A2/AD Strategies* (Annapolis, Md.: Naval Institute Press, 2013).

*95 私はマハンの要塞艦隊に関するコメントを再検討し、中国軍はこのアイディアを新たなものにした

うえで実行に移していると主張する。以下を参照。James R. Holmes, “When China Rules the Sea,” *Foreign Policy*, September 23, 2015, https://foreignpolicy.com/2015/09/23/when-china-rules-the-sea-navy-xi-jinping-visit/; and “A Fortress Fleet for China,” *Whitehead Journal of Diplomacy* 11, no. 2 (Summer/Fall 2010): 19-32.

＊96 Theodore Ropp, “Continental Doctrines of Sea Power,” in *Makers of Modern Strategy: Military Thought from Machiavelli to Hitler, ed. Edward Meade Earle* (Princeton, N.J.: Princeton University Press, 1943), 446-456. ［セオドール・ホップ著「大陸におけるシーパワーの教義」『新戦略の創始者』（下）二二五〜二三二頁］

＊97 詳細は以下を参照。James R. Holmes, “Great Red Fleet: How China Was Inspired by Teddy Roosevelt,” *National Interest*, October 30, 2017, https://nationalinterest.org/feature/great-red-fleet-how-china-was-inspired-by-teddy-roosevelt-22968.

＊98 統合シーパワーのビジョンの一例については以下を参照。Toshi Yoshihara and James R. Holmes, “Asymmetric Warfare, American Style,” U.S. Naval Institute *Proceedings* 138, no. 4 (April 2012), https://www.usni.org/magazines/proceedings/2012-04/asymmetric-warfare-american-style; James R. Holmes, “Defend the First Island Chain,” U.S. Naval Institute *Proceedings* 140, no. 4 (April 2014), https://www.usni.org/magazines/proceedings/2014-04/defend-first-island-chain; and Andrew Krepinevich, “How to Deter China,” *Foreign Affairs*, March/April 2015, https://www.foreignaffairs.com/articles/china/2015-02-16/how-deter-china.

＊99 Max Weber, *Economy and Society: An Outline of Interpretive Sociology*, ed. Guenther Roth and Claus Wittich, trans. Ephraim Fischoff et al., 3 vols. (New York: Bedminster Press, 1968),

223, 973-993.

*100 Komer, *Bureaucracy Does Its Thing.*

*101 Andrew F. Krepinevich Jr., *The Army and Vietnam* (Baltimore: Johns Hopkins University Press, 1988).

*102 Irving L. Janis, *Groupthink: Psychological Studies of Policy Decisions and Fiascoes* (Boston: Cengage, 1982).

*103 Corbett, *Some Principles of Maritime Strategy*, 164, 167. 〔コーベット著『海洋戦略の諸原則』二五八、二六三頁〕

*104 Bernard Brodie, *Strategy in the Missile Age* (Princeton, N.J.: Princeton University Press, 1959), 26-27.

*105 Edmund Burke, *Reflections on the French Revolution*, vol. 24, part 3, Harvard Classics (New York: P. F. Collier & Son, 1909-14) accessed at Bartleby.com, https://www.bartleby.com/24/3/12.html. エドマンド・バーク著、佐藤健志訳『フランス革命の省察　保守主義の父かく語りき』ＰＨＰ研究所、二〇一一年〕

*106 Andrew Gordon, *The Rules of the Game: Jutland and British Naval Command* (1997; repr., Annapolis, Md.: Naval Institute Press, 2000).

*107 Gordon, 155-192.

*108 Samuel P. Huntington, "National Policy and the Transoceanic Navy," U.S. Naval Institute *Proceedings* 80, no. 5 (May 1954), https://www.usni.org/magazines/proceedings/1954-05/national-policy-and-transoceanic-navy.

*109 「フロム・ザ・シー」は政治学者であるフランシス・フクヤマがあらゆる統治形態が試行されたうえで、自由民主主義が最善のものであると主張し、歴史としての政治は終わったのだと宣言した年に発表された。海軍の指導者たちが、冷戦の終結に勝ち誇る雰囲気にフクヤマやその他大勢同様に、巻き込まれなかったと考えることは難しい。冷戦の結末の本質、すなわち、戦うこと抜きで超大国同士の闘争に完勝したことが問題を悪化させたのかもしれない。Francis Fukuyama, *The End of History and the Last Man* (1992; repr. New York: Free Press, 2006).〔フランシス・フクヤマ著、渡部昇一訳『歴史の終わり』（上下）、三笠書房、一九九二年〕

*110 U.S. Navy and Marine Corps, "... From the Sea: Preparing the Naval Service for the 21st Century," September 1992, U.S. Navy Web site, http://www.navy.mil/navydata/policy/fromsea/fromsea.txt.

*111 古典に学ばずしていかなる軍事的あるいは政治的教育も完全なものとはなりえない。まずは以下の書籍からはじめること。Herodotus, *The Histories*, trans. Tom Holland, intro. Paul Cartledge (London: Penguin Classics, 2013)〔ヘロドトス著、松平千秋訳『歴史』（上中下）、岩波書店、一九七一年〕および Thucydides, *The War of the Peloponnesians and the Athenians*, ed. Jeremy Mynott (Cambridge: Cambridge University Press, 2013).〔トゥキュディデース著、久保正彰訳『戦史』（上中下）岩波書店、一九六六年〕

*112 U.S. Naval War College Public Affairs, "Nimitz Diary Unveils Naval War College Legacy of Learning," February 26, 2014, U.S. Navy Web site, http://www.navy.mil/submit/display.asp?story_id=79354.

*113 Ernest Hemingway, *Men at War* (1942; repr., New York: Random House, 1982), 8-15.

訳者あとがき

平山　茂敏

本書は米海軍大学（Naval War College）戦略政策部のジェームズ・ホームズ（James R. Holmes）教授が二〇一九年に出版した *A Brief Guide to Maritime Strategy* の完全日本語訳である。

ホームズ教授は米国のロードアイランド州ニューポートにある米海軍大学でJ・C・ワイリー海洋戦略講座の教授を務めており、専門は接近阻止／領域拒否（A2／AD）、アジア太平洋、中国、海洋戦略など多岐に渡っている。本書は、彼の専門領域の一つである海洋戦略に関する入門書という位置づけになっており、マハンやコーベットという海洋戦略理論の大家による議論を中心に、海洋戦略について総合的に学ぶことができる構成になっている。

著者ホームズ教授の略歴

ホームズ教授の略歴を簡単に紹介すると、本書のなかでも触れられているように彼はバンダービルト大学の予備役将校訓練課程（ROTC）を卒業して海軍士官に任官した。専門職域は水上艦艇であり、戦艦ウィスコンシンに砲術士兼応急士として乗り組み、湾岸戦争に従軍した後は水上戦学校の教官等を務めている。彼は海軍での勤務と平行して、サルヴェ・レジーナ大学で国際関係論の修士号（ＭＡ）を、米海軍大学で国際安全保障及び戦略研究の学位（**Diploma**）を、プロビデンス大学で数学の修士号（ＭＡ）、タフツ大学のフレッチャースクール法律外交大学院で法と外交の修士号（ＭＡ）、同大学で国際関係論の博士号（**Ph.D.**）を取得した。彼は二〇〇二年からジョージア大学で教鞭をとり、二〇〇七年から米海軍大学の准教授、二〇一七年から教授となり将来の米海軍の中核を担う中堅士官および高級士官に海洋戦略などを教えている。

トランプ政権で国防長官となったマティス海兵隊大将は著者を評して「うるさいやつ」（**troublesome**）と述べており、ハワード元米海軍作戦部長は「波風を立てる男」（**you make waves**）と評しており、著者の人となりが伺える。米海軍大学は海上自衛隊幹部学校との交流があるため、ホームズ教授も二〇一四年に来日した際には海上自衛隊幹部学校で当時戦略研究室長であった訳者とインド太平洋地域の安全保障環境について意見交換を行っているが、その際にはこの地域に関する鋭い情勢分析を開陳してくれた。

ホームズ教授は二五冊以上の本を出版しており、すべてを紹介することはできないが以下にその一部を記したい。

A Brief Guide to Maritime Strategy, 2019（本書）

Red Star over the Pacific 2nd edition, 2018（未邦訳）

Strategy in the Second Nuclear Age, 2012（未邦訳）
Defending the Strait: Taiwan's Naval Strategy in the 21st Century, 2011（未邦訳）
Red Star over the Pacific, 2010　邦訳は『太平洋の赤い星』（バジリコ、二〇一四年）
Indian Naval Strategy in the 21st Century, 2009（未邦訳）
Chinese Naval Strategy in the 21st Century: The Turn to Mahan, 2008（未邦訳）

著書の表題だけ見ても、彼がインド太平洋地域に強い関心を抱き、特に中国に注目していることがお分かりいただけると思う。『太平洋の赤い星』については、アトランティック・マンスリー誌上で二〇一〇年のベストブックに選ばれたほか、日本に加えて中国、韓国、ドイツ、台湾でも翻訳されている。また、彼は *The Diplomat*, *Foreign Policy*, *Proceeding*, *National Interest* 等にも精力的に寄稿していることから、彼の記事を目にされた方も多いのではないか。

本書の内容

本書の内容を簡潔に述べるならば、海洋戦略を学ぶ初学者、特に海軍士官、官僚および学生に対する入門の書である。ホームズ教授は海洋戦略を「海洋に関わる諸目的を達成するために、パワーを用いる術および科学である」と定義しているが、海洋戦略の双璧といえば、米海軍大学校長であったアルフレッド・セイヤー・マハンと英海軍大学の教官であったジュリアン・コーベットであることは論を待たない。どちらも百年以上前に活躍した海軍史家にして理論家であるが、未だにこの二人を超える理論家は登場していないため、両者の著作は世界の海軍士官の必読書となっている。本書もこの二人の巨匠の著作を中心に、さまざまな戦略家や歴史家を引用して海洋戦略を論じるものとなっている。

海洋戦略には戦いが含まれるが、戦いのみを対象にしたものではない。ホームズ教授はマハンを引用し「軍事力は経済及び通商の従属物である」と述べており、海洋戦略では通商のためのアクセスが至上の問題となることを強調している。マハン的シーパワーを駆動するのは、まず本国において商品が生産され、次に海軍が護る海上交易によりこの商品が輸送され、海外の市場で販売され、そこから税金歳入が生まれ海軍の資金となるという海洋国家にとって好ましい循環である。ホームズ教授はこれを論じるために本書を、シーパワーの作り方、好循環を維持する方法、海軍はなにをするのかの三章構成としている。

第1章のシーパワーの作り方では、まず海と何かが論じられる。海とは公共財《コモン》であり、誰のものでもないというグロチウス的な見解をホームズ教授は支持しており、南シナ海におけるセルデン的な海洋の占有の試みを強く非難している。次にホームズ教授はジェフリー・ティルを引用して、資源・輸送・情報・支配という海の歴史的属性から、海洋における協力的及び競合的な相互作用を論じている。これに続いて著者はシーパワーとは何かという問題に移るが、シーパワーという概念を世に広めたのはマハンなので、この章はマハンの議論を中心に展開される。シーパワーとは「生産」「海軍及び商船隊」及び「市場（往事は植民地）」の三つの連鎖であるというのがマハンの主張であり、マハンはシーパワーを測定する六つの決定要素も明らかにしているが、ホームズ教授は本書の中でこれらを詳しく解説している。

第２章はシーパワーの循環（作って、運んで、売る）をどうやって回し続けるかという議論である。これは現代ではグローバルなサプライチェーンの問題になっているが、これを維持するために最初に取り上げられているのが本国及び目的地における港湾の存在であり、良港と呼ばれるために様々な条件を満たさなければならないことが明らかとなる。次に軍港の問題である。燃料と食料の補給だけを考えれば軍艦は商業港を利用することもあるが、弾薬の補給、本格的な整備及び修理のためには軍港は必要不可欠の存在であり、これは特に海外に展開する際に問題となる。このため、本格的な造修補給能力を持つ横須賀および佐世保は米海軍にとっての重要な海外「母港」となっていることが紹介される。

次にシーパワーを支える商船について著者は論じているが、マハンは自国船員が乗り組む米国の商船隊が戦時の海軍拡張のための予備兵力であると考えていた。また、リスク分散の見地から、少数の大型船よりも多数の小型船を配備することを支持していたので、今日の海運のトレンド（経済効率から超大型船志向で、税金対策から船籍をパナマやリベリア等の第三国とし、さらに人件費を安くするために外国船員を雇用する）に強く反対したであろう。次に海軍についてであるが、ここでホームズ教授は主力艦を巡る議論及び艦隊の構成について論じている。マハンが「大艦巨砲主義の伝道者」ではないこと、コーベットも主力艦や決戦を否定していたわけではないことが明らかになる。第２章の最後は「艦隊に命を吹き込む戦略的意志」であるが、これはドイツの海軍軍人のウェゲナーのアイディアであり、戦略レベルの指導者が国民を導くための「戦略的意思」が論じられている。

第3章は上記の二章を踏まえて、海軍が何をすべきなのかという議論に移る。キッシンジャーの核抑止理論の通常抑止、強制、再保証への応用を議論した後で、ケン・ブースの示した海軍の三つの役割が議論される。ケン・ブースについては、海上自衛隊が「海上防衛力の三つの役割」を説明する時に、外交的役割、警察的役割、防衛的役割として引用されることが多いので、海上自衛官であれば一度は目にしていることと思う。ホームズは、その中から外交的役割が最も重要であり、警察的役割及び軍事的役割を推進するものであると位置づけている。また、ルトワックが示した「説得」において、軍艦が発するメッセージ性についても議論される。

海上軍事力は、命令一つで平和任務から軍事任務まで幅広い任務に即応することが可能であるという特徴を持つが、このため、相手に意図しないメッセージが伝わる可能性がある。平和的な目的で航海する艦艇の意図を沿岸国が読み間違えることもありえるし、その反対に、「決意」を示すために派遣した艦艇が意図するメッセージを伝えられない場合もあるのだ。

警察的役割を象徴するのは、海洋サプライチェーンの流通の輪を「守り、奉仕する」ことである。国内における警察と異なり、公海には主権者がいないため、各国の海軍や沿岸警備隊が協力して治安の維持にあたる必要がある。しかしながら、同じ国の海軍と沿岸警備隊であっても、ましてや国が異なれば、心に抱く思惑は千差万別であり、このため米国主導で提唱された「グローバルな海洋パートナーシップ」が困難に直面したことが論じられている。さらに、協力が日の目を見ても、次に同盟をめぐる「見捨てられ」と「巻き込まれ」の問題が生じることも論じられている。この同盟に伴う「見捨てられ」と「巻き込まれ」問題について、日米安全保障条約の下で日本が置かれたジレンマという形で紹介されている点は、米国側から見た同盟国日本を考える上で興味深い。

グレーゾーン問題も、近年、中国やロシアの手法として注目を集めていることから、本書の中でも大きな議論の対象となっている。軍艦を表に出さずに漁船や商船や海洋警察などの船舶を正面に押し出すことで、エスカレーションの責任をこちらに押し付けながら現状改変をじわじわと進めるのがグレーゾーン戦略の手法である。こちらが軍艦を出すと、事態がエスカレーションし、あるいはこちらに先に手を出させることで、事態を悪化させた責任をこちらに負わせるというのが彼らの手口である。要するにグレーゾーン戦略はジレンマを押し付けるのだとホームズ教授は述べているが、これからは中国、ロシア、イランによるグレーゾーン戦略の時代であり、これに対する特効薬はないというのが本書の主張となっている。

軍事的役割について、ホームズ教授は、マハンやコーベットに加えて、リデルハート、米海軍大学の教官であったワイリー等を引用して、その本質に迫る。海戦において、決戦を挑むべきなのか？　マハンの信奉者であった英国海軍、その教えを受けた日本海軍（同様にマハン信者であった）であれば決戦における決定的な勝利を追求したであろう。トラファルガーや日本海海戦を再現するというのはすべての海軍士官の夢である。しかし、ホームズ教授は、決戦の追求とそれに対する制海の獲得、そしてこれに対する批判をマハンやコーベットを引用しつつバランスよく分析している。彼はマハンの無批判な信奉者ではないのである。

本書の意義

前述のとおり、本書は若手海軍士官等に対する海洋戦略の入門書である。なぜ、専門職である海軍士官にあらためて入門書が必要なのであろうか、海軍士官学校（自衛隊では防衛大学校と海上自衛隊幹部候補生学校）では海洋戦略を教えていないのであろうか。結論からいえば、マハンとコーベットを教えていない海軍士官学校というのは想像しがたい（訳者が勤務する防衛大学校でも学生に教育している）。三〇代半ばの時に訳者は英国の統合軍指揮幕僚大学に留学したが、そこの統合教育課程でもマハンとコーベットは復習したので、世界中の軍事教育機関で海洋戦略は繰り返し教育されていると思われる。

しかし、矛盾するようであるが、特に若手士官は海洋戦略（というよりも戦略レベル全般）を勤務で意識することは少ないし、したがって学んでいこうというインセンティブも働きにくい。戦争のレベルは上から戦略、作戦、戦術に分類するのが一般的であるが、ホームズ教授がまえがきで述べているように、若手士官は船乗りとしての技術を学ぶのに忙しく、その結果、戦術レベルに関心が集中しがちである。訳者も初めて乗った艦で通信士だったころは、無線での戦術交話や戦術信号が自分の世界の中心であり、そこで自分が行っていることが上位の作戦レベル、さらに上位の戦略レベルにどのように影響するのかという発想は全くなかった。とにかく多忙で、目の前の業務を処理するので精一杯というのが平均的な若手幹部の日常なのである。

それでは、新入隊員（あるいは社員）は戦術レベルに集中し、階級と年齢を重ねることで作戦レベル、戦略レベルへとゆっくりと階段を上っていけばよいのであろうか。訳者はそうは思わない。英統合軍指揮幕僚大学で英軍の作戦の立案要領を学んだが、作戦の立案で最初にすべきことは上級指揮官の意図、それも二レベル上の指揮官の意図を分析することであった。新入社員であっても、係長、できれば課長が何を考え、何を目指しているのか考えるべきだということになる。戦術レベルの初級幹部も、自らの行動が作戦レベルにどのように貢献するのか、戦略レベルの目的に合致するのかということを早くから意識することが望ましい。特に現在はグローバルなメディアの発達で、末端の兵士の振る舞い（特に人道、道徳に反した振る舞い）が全世界に瞬時に報道されて戦略的な影響を及ぼす「CNN効果」の時代に我々は生きている。ホームズ教授や訳者（我々は同年代である）が若手士官であった三〇年前であれば、若手幹部や官僚は戦術場面のみを注視して生きていくことができたかもしれない。今日の若手士官たちは、自分たちの公私の振る舞いがもたらす戦略的効果を無視しては生きていけないのである。

とはいうものの、現実に戦略レベルを意識して暮らしていくことは難しい。ホームズ教授も若手幹部時代は戦略を勉強する余裕がなかったと述べているが、訳者も自衛隊に入った直後は、戦術レベル（たとえば通信、射撃、航海）の技量向上に熱中するあまり、戦略の勉強など意識の水平線のかなたにあったことをここで白状したい。マハンをあらためて手に取ったのは海上幕僚監部で防衛計画の大綱の検討作業に関与したときであり、年齢は三〇代後半、二等海佐の時であった。当時、『海上権力史論』は北村謙一の訳本が容易に入手できたが、マハンの『海軍戦略』は昭和七年の海軍軍令部訳の復刻版しかなくて旧字体の文章に挫折したし、コーベットの『海洋戦略の諸原則』はまだ現代語訳（矢吹啓訳）が市販されていなかったため読んでいない。しかしこれは、海洋戦略の学習を怠ることの言い訳にはならない。戦略レベルの理解が不十分な者は戦略レベルに貢献しない作戦を立案してしまうことは、ホームズ教授も本書の中で指摘しているところであり、戦略を学ぶことは必須の要件なのである。

ホームズ教授が意図しているとおり、本書は入門書であり、その先には広大無辺な戦略研究の世界が広がっている。著者も述べているが、本書は海洋戦略を中心に論ずるために、海洋戦略を直接論じていない戦略理論家（たとえば孫子やクラウゼヴィッツ）への言及は少ない。しかし、マハンはジョミニの影響を強く受けているし、コーベットの著作にはクラウゼヴィッツの影響が指摘されているほか、リデルハートは孫子を称賛していた。本書でも言及されるマハン、コーベット、ウェゲナー、リデルハート、ルトワックやブースのほか、カステックス、ボーフル、フラーにグレイなど学ぶべき戦略理論家は多い。本書は、一生をかけて学ぶべき戦略学習への戸口へわれわれを誘ってくれる。戦略と歴史を海上武人、学者、あるいはビジネスマンなどのキャリアを通じて学んでいくこと、それそがホームズ教授の意図するところであると考える。

ただし、本書は海洋戦略の聖典ではないし、ホームズ教授も、アーヴィング・ジャニスを引用して既存の通念を無批判に受け入れることの弊害について論じている。著者は「自明の理には異議を唱えなければならない」と述べている。本書を批判的に読み、海洋戦略に関する独創的なアイディアを発展させることこそが、ホームズ教授の狙いであると確信している。

海軍戦略の用語の翻訳についての悩ましい問題

次に訳語についてすこし述べさせていただきたい。マハンやコーベットを含め海洋戦略に関する訳語については、海上自衛隊でも百家争鳴であり、どうやってもお叱りを受けるのではと悩んだ箇所が少なくない。本文中にマハン及びコーベットの著作などから多数引用されているが、『マハン海上権力史論（新装版）』（北村謙一訳、原書房、二〇〇八年）のように定評のある訳本があるものについては、極力そこから引用を試みた、ただし、前後の文脈との関係から訳者が訳語を変更したものもある。Command of the sea と Sea Control についてはどちらも「制海」としている。これは英統合軍指揮幕僚大学留学中に英海軍の教官から、「マハンやコーベットはコマンド・オブ・ザ・シーという用語を使ったが、コマンドには絶対的な制海をイメージさせるため、現在ではシー・コントロールという用語を使っている」と学んだためであり、コマンドは絶対的恒久的、コントロールは局所的一時的という若干のイメージの違いを個人的には持ってはいるが、訳者は両者を本質的には同じものであると理解している。なお、米海軍大学のミラン・ベゴ教授も自著の *Maritime Strategy and Sea Control* のなかで同趣旨のことを述べていることを申し添えたい。絶対的ではない制海は制海ではないのではないかという議論もあろうが、『海上権力史論』を翻訳した北村謙一が「完全な制海はあり得ないことを認めたうえでの『制海』はつまるところ程度の問題であろう」と述べていることも紹介しておく。ホームズ教授もソロモン諸島をめぐる日米両海軍の激闘を踏まえて、局所的かつ一時的な制海で双方がその目的（陸軍・海兵兵隊への補給）を達成していたことを指摘している。

また、「制海」と「制海権」の用語はどちらも常用されているが、旧海軍の海軍大学が明治時代に作成した『兵語界説』のなかで、制海権は誤訳であるため海軍大学では以後使用せず、用語としては「制海」を用いると述べているため、本書ではこれを尊重し、制海権は使用せず制海とした。ただし、マハンの『海軍戦略』を海軍軍令部の命により翻訳した尾崎海軍少佐が大正時代に出版した『英和海語辞典』が **Command of the sea** を「制海権」と訳しているし、海軍軍令部訳のマハンの『海軍戦略』も「制海権」と訳しているので、旧海軍でも徹底はされなかったようである。また、マハンも実はそうなのだが **control of the sea** や **maritime command** 等の似たような用語をホームズ教授はあちこちで使用しており、これらは前後の文脈から制海あるいは適宜の訳語を当てた。一方で、**Seapower** については「海上権力」の訳を当てる例もあるが（例えば軍令部訳の『海軍戦略』など）、前述の『兵語界説』が「海上権力は誤訳であり海上武力とする」と述べているため採用しなかった。一方で「海上武力」という用語は海上自衛隊でも一般的でないことからこれも採用していない。また、二〇一五年に発表された米海軍の『二一世紀の海軍力のための協力戦略（日本語版）』がシーパワーに「海軍力」の訳語を当てているが、マハンの定義からして海軍はシーパワーの一部でしかないことが明らかなのでこれも適当でないと考えた。最終的に、北村訳の『海上権力史論』がシーパワーと訳しており、海上自衛隊でも一般的に使用されていることから「シーパワー」とした。なお、類似した用語として **naval power** などについては海軍力などの訳語を当てている。

最後に、海洋戦略の研究も他の学問と同じで学べば学ぶほど自分が無知だと私には感じられる。海上自衛隊幹部学校（米海軍大学に相当する自衛隊の学校）で戦略研究室長となり、現在は防衛大学校で戦略教育室の教授として学生にマハンやコーベット等を教えているが、読むべき戦略書籍に終わりは見えないし、本当の意味で戦略が理解できたという気がしない。その意味では、戦略研究に終わりはないという本書のメッセージには強く共感するところがある。

最後に、本書におけるいかなる主張や意見も、原著者および訳者の属する組織の見解とは無関係であることをお断りしておきたい。

本書が、読者のみなさまの海洋戦略研究の幸先の良い一ページ目となれば幸いである。

令和二年八月

著者略歴

ジェームズ・ホームズ（Holmes, James Ronald）

1965年生まれ。米海軍大学（Naval War College）Ｊ.Ｃ.ワイリー海洋戦略講座教授。

バンダービルト大学の予備役将校訓練課程(ROTC)卒業後海軍士官に任官。戦艦ウィスコンシンに砲術士兼応急士として乗り組み湾岸戦争に従軍。その後サルヴェ・レジーナ大学で国際関係論の修士号(MA)、米海軍大学で国際安全保障及び戦略研究の学位(Diploma)、プロビデンス大学で数学の修士号(MA)、タフツ大学のフレッチャースクール法律外交大学院で法と外交の修士号(MA)、同大学で国際関係論の博士号(Ph.D.)を取得。2002年からジョージア大学で教鞭をとり、2007年から米海軍大学の准教授、2017年から教授。

25冊以上の著書があり、本書のほかに『太平洋の赤い星』（バジリコ、2014年）が邦訳されている。

訳者略歴

平山 茂敏（ひらやま しげとし）

1965年生まれ。防衛大学校防衛学教育学群教授（戦略教育室）。

防衛大学校を卒業後、海上自衛隊で勤務。英国統合指揮幕僚大学（上級指揮幕僚課程）卒業。ロンドン大学キングスカレッジで修士号(MA)を取得。防衛学修士。護衛艦ゆうばり艦長、在ロシア防衛駐在官、海上自衛隊幹部学校防衛戦略教育研究部戦略研究室長などを経て現職。

監訳書に『アメリカの対中軍事戦略』（A.フリードバーグ著、芙蓉書房出版）、共訳書に『現代の軍事戦略入門【増補新版】』（Ｅ.スローン著、芙蓉書房出版）がある。

海洋戦略入門《かいようせんりゃくにゅうもん》
——平時・戦時・グレーゾーンの戦略——

2020年 9月15日　第1刷発行

著 者
ジェームズ・ホームズ

訳 者
平山《ひらやま》 茂敏《しげとし》

発行所
㈱芙蓉書房出版
(代表 平澤公裕)
〒113-0033東京都文京区本郷3-3-13
TEL 03-3813-4466　FAX 03-3813-4615
http://www.fuyoshobo.co.jp

印刷・製本／モリモト印刷

ISBN978-4-8295-0797-1

【芙蓉書房出版の本】

明日のための近代史　世界史と日本史が織りなす史実

伊勢弘志著　本体 2,200円

1840年代～1920年代の近代の歴史をグローバルな視点で書き下ろした全く新しい記述スタイルの通史。世界史と日本史の枠を越えたユニークな構成で歴史のダイナミクスを感じられる“大人の教養書”

はじめての日本現代史　学校では“時間切れ”の通史

伊勢弘志・飛矢崎雅也著　本体 2,200円

歴史学と政治学の複眼的視角で描く画期的な日本現代史入門。政治・外交・経済の分野での世界の潮流をふまえ、戦前期から現在の安倍政権までの日本の歩みを概観する。

苦悩する昭和天皇　太平洋戦争の実相と『昭和天皇実録』

工藤美知尋著　本体 2,300円

昭和天皇の発言、行動を軸に、帝国陸海軍の錯誤を明らかにしたノンフィクション。定評ある第一次史料や、侍従長、政治家、外交官、陸海軍人の回顧録など膨大な史料から、昭和天皇の苦悩を描く。

知られざるシベリア抑留の悲劇
占守島の戦士たちはどこへ連れていかれたのか

長勢了治著　本体 2,000円

飢餓、重労働、酷寒の三重苦を生き延びた日本兵の体験記、ソ連側の写真文集などを駆使して、ロシア極北マガダンの「地獄の収容所」の実態を明らかにする。　第５回シベリア抑留記録・文化賞 受賞

誰が一木支隊を全滅させたのか
ガダルカナル戦と大本営の迷走

関口高史著　本体 2,000円

旭川で編成された部隊を襲った悲劇を巡る従来の「定説」を覆すノンフィクション。900名で１万人以上の米軍に挑み全滅したガダルカナル島奪回作戦。この無謀な作戦の責任を全て一木に押しつけたのは誰か？